2026 K-콘텐츠 :

한류를 읽는 안과 밖의 시선

상상유목
대중총서
03

2026 K-콘텐츠

한류를 읽는 안과 밖의 시선

안숭범, K-컬처 · 스토리콘텐츠연구소 엮음

백태현 | 앨프레드 로 | 이지혜 | 라탄 쿠마 로이 | 김세익 | 주수영
조한기 | 정임숙 | 이현재 | 겐기스 후사메딘 | 한유희 | 야마나카 치에

경희대학교 출판문화원

서언

〈케이팝 데몬 헌터스〉로 말하는 한류의 현재

2025년 한 해 동안 한류의 흐름에서 가장 큰 화제를 낳은 작품은 아무래도 〈케이팝 데몬 헌터스〉(이하 케데헌)이었다. 〈케데헌〉을 보면서 지난 30여 년 가까이 지속·확산·심화되어온 한류의 저력을 떠올렸고, K-콘텐츠에 의해 집적된 서사와 이미지들을 생각했다. 〈케데헌〉을 둘러싼 폭발적인 담론장은 'K'라는 접두어가 국내외 팬들의 참여와 해석, 융합과 창조를 통해 끊임없이 갱신되는 '움직이는 기표'임을 상기시켰다.

추측컨대 〈케데헌〉의 '한국계' 창작자들은 성장 과정에서 각자가 고민해 온 정체성을 솔직하게 투영한 것으로 보인다. 그렇게 '혼류'로서의 '한류' 물결이 일었다. 먼저 〈케데헌〉의 캐릭터들은 '번역된 디아스포라'의 결과였다. 한국 설화와 전통 속에 자리한 표상들이 태평양을 건너며 서구의 장르 코드와 교배한 흔적이 역력했다. 예를 들어 염라는 귀마로, 저승사자는 사자보이스로 흥미롭게 굴절되었다. 도깨비, 호랑이, 까치 등도 글로벌 팬들에게 더 익숙한 성격과 이미지로 각색되었다. 그렇게 한국의 원형적 표상은 3억 명이 넘는 구독자를 거느린 넷플릭스의 바다에 다다라, 새로운 이미지와 서사, 언어와 감각을 입고 있었다.

한편 〈케데헌〉은 '상상적 노스탤지어'의 힘을 느끼게 했다. 오늘날 한류는 OTT, TV, 영화, 유튜브, SNS 등이 만들어낸 '한국적인 것'의 시뮬라크르를 타고 역동하고 있다. 〈케데헌〉은 한국에 와보지 않고도 한국에 익숙한 수많은 한류 팬의 미디어스케이프를 배경으로 독특한 정동을 형성했다. 남산 N서울타워가 내려다보이는 야경, 경복궁 안의 신비한 분위기, 한옥마을의 고즈넉한 처마선, 낙산공원의 고요와 밤공기, 스타디움에 모인 팬들의 야광봉과 떼창은 문화인류학자 아르준 아파두라이(Arjun Appadurai)가 말한 '기억이 배제된 노스탤지어'를 불러냈다. 사실 〈케데헌〉은 K-팝의 힘을 직접적으로 체감하게 하지만, 루미와 진우가 처음 만나는 '미트 큐트(meet-cute)' 장면을 포함해 K-드라마의 클리셰도 상당 부분 삽입되어 있다.

〈케데헌〉은 K-팝 팬들을 포함해 한국, 한국인, 한국적인 것을 좋아하는 모든 한류 팬에게 축제와 같은 작품인 셈이다.

〈케데헌〉의 열기를 읽는 세 번째 관점은 '교차하는 하이브리디티'이다. 헌트릭스와 사자보이스의 무대는 아이돌 스타의 화려한 공연이면서 동시에 초월적 영매의 주술적 제의라고 할 수 있다. 이처럼 〈케데헌〉은 성과 속, 동양과 서양, 로컬과 글로벌, 전통과 현대가 교차하는 장을 서사 무대로 삼는다. 이는 한류에 대한 거대한 은유일지도 모른다. 지난 30여 년간의 한류는 이질적이거나 대립적이었던 것들 사이의 창의적인 혼종화, 혼종적인 것의 재혼종화로 점철되어 있기 때문이다.

〈오징어 게임〉 시리즈가 넷플릭스 TV 쇼 부문의 역사를 새로 쓴 것처럼, 〈케데헌〉은 넷플릭스 영화의 역사를 새롭게 썼다. 번역된 디아스포라, 상상적 노스탤지어, 교차하는 하이브리디티의 힘으로 그렇게 'K'는 또다시 갱신되었다. 〈케데헌〉의 제작과 유통 전 과정에서 사실상 한국, 한국인, 한국 자본이 소외되었다는 점을 '비극'이라 한탄하는 목소리도 있다. 그러나 한류가 한반도 남단의 작은 언어권에 한정된 전유물이 아니라는 사실을 확인하는 일은 오히려 반가운 일이다. 누구나, 어디에서든 K-컬처를 호출해 모두가 즐길 만한 콘텐츠를 만들 수 있는 세상. 우리는 지금 그런 시대를 살고 있다. 이제 'K'는 콘텐츠의 원산지를 증명하는 라벨에 국한되어서는 안 된다. 국적을 지칭하는 '정체성-명사'에서 벗어나, 세계인이 호혜적으로 대화하고 소통하며 함께 누리는 '공진화성-동사'가 되어야 한다. 부디 2026년에는 2025년보다 K-콘텐츠의 'K'가 세계 곳곳에서 '움직이는 기표'로 더욱 뚜렷이 자리하길 바란다.

꾸준한, 여전한, 아직도

연례적으로 발표되는 여러 한류 관련 데이터에 따르면, 2025년에 등장한 K-콘텐츠들이 그려낸 정동의 지도는 대체로 고무적이었다. 2025년에 발표된 『한류실태조사보고서』와 『한류백서』 등은 한류가 여러 국가에서 '꾸준한' 양상으로 확산되고 있음을 보여준다. 내용 면에서도 세계 각지에서 '여전한' 인기와 파급력을 확인할 수 있다. 세계인이 한국을 떠올릴 때 가장 먼저 소환되는 이미지는 8년 연속으로 'K-팝'이었다. 그 뒤를 한식과 드라마가 이었다. 이러한 순위는 비교적 '꾸준한' 흐름으로 볼 수 있다. 따라서 〈케데헌〉이 K-팝과 K-팝 공연 문화, 팬덤 문화를 다루며 시청자들의 흥미를 자극한 것은 영리한 전략이었다. 주인공들 곁에 김밥과 컵라면 등을 두고 소품으로 활용한 것도 효과적인 선택이었다. 인물의 감정이 고조되는 장면에서 K-드라마의 클리셰를 적절히 사용한 점 역시 팬들에게 확실한 효능감을 안겼다고 본다.

한국문화콘텐츠에 대한 추천 의향과 월평균 이용 시간이 반등하고 있다는 점은 '여전한' 한류의 관성을 상기시킨다. 필리핀, 태국을 포함한 동남아시아 팬들과 UAE를 비롯한 서남아시아 팬들을 중심으로 한국의 드라마와 예능은 이미 일상 깊숙이 침투해 있다. 이러한 '여전한' 인기는 한류가 글로벌 사우스의 충성도 높은 팬들과 함께 거대한 수용 문화를 만들어내고 있음을 방증한다. K-콘텐츠가 실어 나르는 한국문화에 대한 관심이 지속되고 있는 덕분에, 한국어를 배우거나 추천하려는 의향이 매우 높게 나타난 것은 고무적이다. 글로벌 대중문화 신의 표층에서 K-콘텐츠가 스펙터클한 사건과 바이럴한 현상을 만들어내고 있지만, 한국어 학습에 대한 열망의 확산은 또 다른 차원의 변화를 예고하는 전조일 수 있다. 이는 앞으로 기대할 만한 새로운 문화적 사건의 징후이기도 하다. 한국어는 K-콘텐츠의 심층에 자리한 한국문화 전반으로 관심을 확장시키는 주요 매개 역할을 하기 때문이다.

그러나 한류에 대한 부정적 인식에 동의한다는 응답이 함께 높아졌다는 조사 결과도 존재한다. 이를 통해 우리는 일각에서 혐한(嫌韓)·반한(反韓) 정서가 여전히 지속되고 있음을 확인할 수 있다. 우리가 자주 하는 착각이 있다. 특정 권역이나 국가에서 느껴지는 한류의 뜨거운 열기를 곧 한국인에 대한 호의의 크기와 동일시하는 습관이 바로 그것이다. K-콘텐츠에 대한 호감과 '한국/한국인'에 대한 정서는 때로 분리되어 작동한다. K-콘텐츠의 소비 수준과 추천 의향이 높은 지역일수록 피로감이 클 수 있다는 점도 인지할 필요가 있다. 때로는 K-콘텐츠의 내용이 문화적 마찰을 일으키기도 하고, 소수 한국인의 일탈이 사회 문제로 비화되어 해당 국가 전체에 부정적 여론을 확산시키기도 한다. 물론 해외 한류 팬들이 자국의 공동체 안에서 도가 지나친 행동으로 비난받는 경우도 있다. 중국의 한한령(限韓令) 사례에서 보듯, 국가 간 정치적 이해관계가 냉각되면 언제든 한류의 물길이 닫힐 수도 있다. 이처럼 'K-콘텐츠-한국 이미지', '한류-한국인 이미지'는 언제든 비대칭이 될 수 있음을 인식해야 한다.

한류의 위기 요인을 '아직도'라는 말로 더 풀어보자면, K-콘텐츠 창작 현장의 갈등과 모순을 이야기해야 할 것 같다. K-콘텐츠 각 분야의 사정은 서로 다르지만, 창작자와 현장 스태프, 번역자 등의 노동시간과 보상 구조는 여전히 더 개선되어야 한다. 웹툰 산업을 예로 들어보자. 2025년 웹툰 산업은 시장의 전체 규모가 다소 주춤했다. 해외 이용자의 한국 만화·웹툰 이용 시간이 다소 감소했다는 지표도 눈에 띈다. 그러나 이는 폭발적인 성장 뒤에 오는 조정·둔화 국면으로, 현재의 분위기를 부정적으로 볼 필요는 없다. 웹콘텐츠 기반 영상콘텐츠 제작 생태계가 점차 안정적으로 구축되어가고 있다는 점도 긍정적이다.

그런데 진짜 문제는 잘 보이지 않는 곳에 있다. 현장에서 활동하는 웹툰 작가들의 목소리를 들어보면, 과도한 작업량에 비해 보상이 충분히 따라주지 못하는 현실이 여전하다. 현재의 활황기가 누군가의 희생적 열정을 딛고 이룬 성취라면, 내부 산업 생태계에 균열이 올 때 크게 흔들릴 수 있다. 그래서 한류의 지속가능성을 이야기한다면, 먼 곳의 열기보다 가까운 곳의 냉기를 더 세밀하게 살필 필요가 있다.

어떤 작품을, 누가 말하는가

경희대학교 K-컬처·스토리콘텐츠연구소는 '상상유목 대중총서 시리즈'를 매년 내고 있다. 『2026 K-콘텐츠: 한류를 읽는 안과 밖의 시선』은 해당 시리즈의 세 번째 책이다. 한 해 동안 한류를 이끈 최고의 K-콘텐츠를 선정해 그 의미와 가치를 심층적으로 비평해 보자는 것이 이 시리즈의 취지이다. 그래서 이 책의 출판 준비 과정은 동시대 한류의 최전선을 확인하기 위해 여섯 개 분야(영화, 드라마, 대중음악, 예능, 게임, 웹툰)에서 화제성과 주목도가 가장 높았던 작품을 각각 선정하는 것에서부터 시작되었다. 그 과정에서 각 분야 시장의 반응을 객관적으로 살피기 위해 흥행 실적, 판매 수익, 시청률, 조회 수, 동시 이용자 수 등 확인 가능한 다양한 지표를 참고하고, 전문 평단의 반응도 민감하게 검토했다. 이 시리즈의 백미는 분야별로 국내외 전문가들의 시각을 담아내, 해당 작품에 대한 비평적 균형감을 확보했다는 점이다. 분야별 선정작과 필진은 다음과 같다.

분야별 선정작과 필진

분야	선정작	국내 필진	해외 필진
영화	케이팝 데몬 헌터스	백태현 (경희대학교 K-컬처 · 스토리 콘텐츠연구소 학술연구교수)	앨프레드 로 (영국 옥스퍼드대학교 언어학 및 한국학 박사과정 연구원)
드라마	오징어 게임 시리즈 2, 3	이지혜 (경희대학교 K-컬처 · 스토리 콘텐츠연구소 연구원)	라탄 쿠마 로이 (뉴델리 남아시아대학교 사회학과 조교수 & SIMEC 연구센터 센터장)
대중음악	골든	김세익 (경희대학교 K-컬처 · 스토리 콘텐츠연구소 학술연구교수)	주수영 (프랑스 액스-마르세유 대학교 아시아학과 한국학 부교수)
예능	흑백요리사	조한기 (경희대학교 K-컬처 · 스토리 콘텐츠연구소 학술연구교수)	정임숙 (이탈리아 시에나 외국인 대학교 한국학 교수)
게임	인조이	이현재 (경희대학교 K-컬처 · 스토리 콘텐츠연구소 연구원)	겐기스 후사메딘 (XboxEra 게임 평론가)
웹툰	전지적 독자 시점	한유희 (경희대학교 K-컬처 · 스토리 콘텐츠연구소 연구원)	야마나카 치에 (교토산업대학교 현대사회학부 교수)

매년 비슷한 말을 하지만, 이 한 권의 책으로 동시대 한류의 전반적인 흐름을 온전히 포착하는 것은 불가능에 가깝다. 그럼에도 초국적 담론장에서 문화적 현상이 된 작품들을 면밀히 분석하는 작업은 여전히 중요하다. 거시적으로 보면, 한류가

어디까지 왔고 어떤 이정표를 남겼으며 지금 어디로 향해 가는지를 가늠하는 데 일정한 참조점을 제공할 수 있다. 동시대 K-콘텐츠와 이를 둘러싼 국내외 수용자들의 취향과 욕망을 이해하는 데에도 유의미한 통찰을 줄 수 있을 것이다.

이 책이 '지금, 여기'의 한류가 궁금한 교양인들에게, K-콘텐츠를 사랑하는 팬들에게 의미 있는 선물이 되길 바란다. 또한 연관 연구를 수행하며 가상의 공부 공동체에서 함께 사유하고 있는 학생들, 전문적인 비평장에서 한류 담론을 함께 쌓아온 동료 연구자들에게 흥미롭고 생산적인 대화의 계기가 되길 기대한다.

2025년 12월

필진을 대표하여

경희대학교 K-컬처 · 스토리콘텐츠연구소장 안승범

목차

PART 1

감정노동의 스펙터클과 플랫폼 자본의 무의식

〈케이팝 데몬 헌터스〉가 보여준 한류의 역설 / 백태현

PART 2

한국과 따로, 또 같이 만들어지다

초경계적(trans) 관점을 통한 〈케이팝 데몬 헌터스〉 속 '한국성'의 재해석 / 앨프레드 로

[영화]

케이팝 데몬 헌터스

한국 약칭은 '케데헌', 영미권 약칭은 'KPDH'로 통한다. 넷플릭스 오리지널 미국 애니메이션으로 대한민국의 K-팝 스타를 소재로 하였고, 영화에 수록된 음악과 퍼포먼스를 활용해 전 세계적으로 인기를 끌고 있다. 주인공은 K-팝 슈퍼스타인 헌트릭스의 루미, 미라, 조이이다. 이들은 공연이 없을 때면 K-팝 걸그룹에게 이어져온 비밀스러운 능력으로 악령을 퇴치하고 혼문을 지킨다. 하지만 어느 날 보이그룹 사자보이즈는 이들의 목표에 위협을 가한다.

- 장르 : 뮤지컬, 액션, 코미디, 아이돌, 어반 판타지
- 감독 : 매기 강, 크리스 아펠한스
- 목소리 출연 : 아덴 조, 안효섭, 메이 홍, 유지영, 김윤진, 이병헌 등
- 개봉일 : 2025년 6월 20일

PART 1

감정노동의 스펙터클과 플랫폼 자본의 무의식

〈케이팝 데몬 헌터스〉가 보여준 한류의 역설

백태현*

넷플릭스 애니메이션 〈케이팝 데몬 헌터스(KPop Demon Hunters)〉(매기 강·크리스 아펠한스, 2025)는 현대적 건물과 자연이 공존하는 서울의 풍경, 거리의 간판과 지하철 내부, 아이돌 무대와 팬덤의 응원 문화까지 세밀하게 묘사하여 관객들로부터 큰 찬사를 받았다. 고증에 충실한 시각적 재현은 한국의 문화적 요소가 할리우드 산업 한복판에서 당당히, 그것도 정밀하게 구현될 수 있을 만큼의 미학적 역량을 확보했다는 사례처럼 받아들여졌고, 이는 곧 K-콘텐츠의 새로운 도약이라는 평가로 이어졌다. 나아가 이러한 반응은 곧 전 세계 관객들은 왜 이 작품에 열광하는가, 라는 질문으로 확장되었으며, 여러 연구자와 평자들은 그 이유를 보편적인 서사 구조와 음악, 인터넷을 통한 수평적 확

* 경희대학교 K-컬처·스토리콘텐츠연구소 학술연구교수.

산 그리고 이 모든 요소를 포괄하면서도 변용해 내는 한국의 전통적 문화와 동시대 대중문화의 유연함에서 찾았다. 그러나 이러한 찬사와 성취의 이면에는 석연치 않은 물음 하나가 자리하고 있다.

〈케이팝 데몬 헌터스〉의 성공을 K-콘텐츠의 성공이라고 말할 수 있을까? 달리 말해, 우리는 왜 글로벌 플랫폼 기업의 상업적 성공을 한국 콘텐츠의 성공과 동일시하고 있는가. 〈케이팝 데몬 헌터스〉를 향한 혼화는 대중문화와 산업의 글로벌 중심으로 진입하고자 했던 한류의 오래된 욕망이 여전히 유효하다는 것을 보여준다. 즉, 관객들은 문화산업 중심부가 재현한 한국의 이미지를, 마치 자신이 세계의 중심에 올라선 듯한 감각으로 받아들이고 있다. 그러나 〈케이팝 데몬 헌터스〉가 재현한 한국의 이미지는 한류가 스스로 구축한 것이라기보다 글로벌 자본이 선택하고 승인한 재현의 형식, 곧 중심부가 선택하고 번역한 한국적인 것의 결과물에 더 가까워 보인다. 요컨대 이 작품은 한류의 성장과 성취를 상징하기보다 한국 대중문화가 세계 문화 권력 구조 속에서 어떻게 재편되고 승인받는가를 보여주는 사례라고 할 수 있다.

이 말을 그동안 한류가 구축한 성과를 부정한다는 것으로 오해해서는 안 된다. 〈케이팝 데몬 헌터스〉는 한류, 그중에서도 K-팝이 구축한 성과와 역동성을 뮤지컬이라는 장르로 구현한 작품이 분명하다.

그러나 이 글의 관심사는 〈케이팝 데몬 헌터스〉가 보여준 성취 그 자체에 있지 않다. 오히려 이 작품이 어떤 방식으로 그 성취를 상징화하는지, 봉쇄의 수단으로, 더 나아가 그 봉쇄의 메커니즘이 무엇을 억압하는지 분석하는 데 방점을 찍고자 한다. 프레드릭 제임슨에 따르면 텍스트는 사회적 모순을 직접 폭로하기보다는 미학적 장치와 상상적 해결을 통해 해결하고 봉합하려는 사회적 상징 행위이다. 이러한 관점에서 볼 때, 〈케이팝 데몬 헌터스〉가 사용한 정교한 재현과 서사 전략은 K-팝 시스템과 한류의 모순과 긴장을 조화로운 것으로 보이게 만드는 미학적 장치라고 말할 수 있다.

이 글은 〈케이팝 데몬 헌터스〉를 후기 자본주의 문화산업이 자기모순을 미학적으로 정당화하는 과정으로 읽고자 한다. 텍스트가 사용한 철저한 고증 전략과 음악이 가져다주는 감정적 완결성, 이에 대한 관객의 환호는 현실의 모순을 봉합하고 산업의 불평등을 감정적 합의의 형태로 변환시킨다. 따라서 분석은 텍스트 내부에만 국한되지 않는다. 그 서사를 만들어낸 산업·이데올로기적 조건, 즉 플랫폼 자본주의의 차원까지 살펴볼 것이다. 이것은 한 편의 작품을 분석하려는 시도가 아니라 한류 담론의 심층 구조 속에서 무엇이 발화되고, 무엇이 침묵하게 되는가를 살펴보려는 비평적 시도이기도 하다.

감정노동을 은폐하는 판타지

〈케이팝 데몬 헌터스〉의 표층은 퇴마와 구원의 서사지만, 그 심층에는 아이돌 산업의 은폐된 현실, 즉 아이돌과 팬덤의 감정노동이 작동하는 구조가 숨어 있다. 헌트릭스는 팬들을 위해 춤과 노래를 선보이고, 팬들은 그 무대에 몰입하면서 정동을 제공한다. 이 감정의 교환은 공감의 체험이 아니라 산업의 유지 조건이자 자본이 순환하는 회로이다. 텍스트 속에서 이러한 감정의 흐름이 혼문이라는 시각적 장치로 구체화된다. 혼문은 팬들의 정동이 산업의 동력으로 전환되는 동력이자 동시에 팬들을 위협하는 존재인 귀마와 악령이 지상으로 올라오는 것을 막는 결계이기도 하다. 산업이 감정을 자원으로 전환하듯, 귀마와 악령은 인간의 영혼을 에너지로 흡수한다. 즉, 그들은 이 산업의 시스템을 움직이게 하지만 결코 표면에 드러나지 않는 은폐된 실재 혹은 부재의 원인이다. 헌트릭스가 귀마를 제거하는 과정은 감정노동의 실재가 드러나는 순간을 지워내 이 산업 시스템의 상징적 질서를 복원하는 것이다.

아이돌 산업은 감정을 자원화하는 감정노동이며, 그 과정에서 감정은 착취되는 동시에 자본에 생명력을 제공한다. 그것은 감정을 생산하고 관리하도록 훈육된 노동이기도 하다. 기획사는 연습생 시절부터 감정을 통제 가능한 자원으로 전환하며, 아이돌의 정서는 체계적으로 조율되고 관리된다. 이 과정에서 감정은 자율적 표현이 아니라 산업이 설계한 감정의 언어를 수행하는 것이다. 표정과 제스처, 목소리의 떨림과 눈물의 타이밍은 모두 계산된 효과로, 감정의 진정성보다는 감정이 만들어내는 반응의 강도가 더 중요하다. 아이돌은 자신의 감정을 재현하면서 동시에 그 감정을 통제해야 하는 이중의 명령 속에 존재한다.

그 결과, 아이돌은 감정을 끊임없이 생산하고 소진하는 자기 착취의 수행자가 된다. 그는 감정을 표현함으로써 팬의 감정을 유도하지만, 동시에 자신의 감정을 지속적으로 갱신하고 관리해야 한다. 감정의 생산은 곧 감정의 소모이며, 이 무한한 순환 속에서 감정은 진정성의 증거가 아니라 산업의 재생산을 위한 연료가 된다. 헌트릭스의 무대는 이러한 감정노동의 형식을 극대화한 공간이다. 그들의 노래와 춤, 미소와 눈물은 모두 감정이 상품화된 노동의 결과이며, 팬의 몰입과 환호를 통해 다시 산업의 동력으로 전환된다. 가장 대표적인 것이, 많은 이들이 프로페셔널한 장면이라고 극찬했던 일명 '자본주의 하체'라고 불렀던 장면이다. 이처럼 아이돌의 감정노동은 창작 행위라기보다 시스템의 순환을 유지하기 위한 노동이다. 감정은 상품으로, 감동은 통제의 효과로 전환되며 아이돌의 신체는 감정을 추출하는 생산 기계로 기능한다. 헌트릭스의 무대가 환희와 감동의 순간으로 포장되는 것은 바로 그 감정노동의 고통과 소진을 시각적 쾌감과 성취의 이미지로 봉합하기 때문이다. 이 감동은 체제를 유지하기 위한 정동의 질서이며, 관객이 체험하는 해방감은 실은 봉쇄의 효과이다.

팬덤의 감정노동 또한 아이돌의 감정노동과 분리되지 않는다. 팬은 소비자가 아니라 감정을 생산하는 또 하나의 노동자이다. 팬들은 콘텐츠를 소비하는 동시에, 응원법과 해시태그, 팬캠과 리액션 영상, 스트리밍 참여와 기부 활동 등으로 아이돌의 이미지를 확장하고 재생산한다. 이 과정에서 팬의 감정은 산업이 요구하는 열정과 헌신의 언어로 번역된다. 팬은 자신이 사랑하는 대상을 위해 감정을 쏟아붓지만, 그 감정은 자율적 표현이 아니라 산업의 기획 안에서 순환하는 에너지다. 팬이 느끼는 '참여'와 '연대'는 실제로는 산업의 회로를 유지하기 위한 수행이 된다. 따라서 팬덤의 감정노동은 자발성이라는 환상을 갖는다. 팬은 자유롭게 참여한다고 느끼지만, 그 행위는 이미 산업의 알고리즘과 플랫폼 구조에 의해 설계되어 있다. 응원은 곧 데이터가 되고, 클릭과 조회 수는 감정의 총량을 수치화하며, 산업은 그 수치를 감정의 진정성으로 전환한다. 팬이 느끼는 몰입과 헌신은 체제가 스스로를 갱신하기 위한 동력으로 흡수되고, 감정의 자율성은 통계적 지표로 대체된다. 이렇게 팬의 감정노동은 산업의 보이지 않는 추진력으로 기능하면서도, 그 노동성은 '사랑'과 '열정'이라는 언어로 은폐된다. 이 모든 것을 보이지 않게 만드는 것, 달리 말해 헌트릭스가 지키고 싶어했던 혼문은 상징계의 또 다른 이름이다.

사자보이즈의 등장은 감정노동의 균열을 드러내는 사건이다.

그들은 귀마의 명령을 수행하는 악령이지만, 동시에 헌트릭스와 동일한 방식으로 무대에 서는 경쟁적 아이돌이기도 하다. 사자보이즈는 헌트릭스가 구축한 시스템의 질서를 교란시키며, 산업이 은폐해 온 감정노동의 실재를 가시화한다. 그들의 과잉된 에너지와 팬들을 직접 호명하는 것은 헌트릭스의 감정노동이 얼마나 절제와 통제 위에 세워진 것인지를 역설적으로 드러낸다. 그러나 이 균열의 순간조차 산업은 새로운 스펙터클로 흡수한다. 사자보이즈의 대항적 이미지와 거친 감정의 폭발은 차별화된 콘텐츠로 재상품화되고, 감정노동의 위기는 곧 산업의 리뉴얼로 전환된다. 이때 체제는 감정의 파열을 위기로 인식하지 않고, 감정의 새로운 형식으로 재편한다.

사자보이즈는 산업이 만들어낸 '내재적 반항'의 형상이라고 말할 수 있다. 그들은 체제를 부정하지 않고, 오히려 체제를 재-정당화하는 계기로 작용한다. 사자보이즈와 헌트릭스의 대립은 감정의 노출과 봉쇄, 과잉과 통제의 리듬이 어떻게 서로를 보완하며 체제의 균형을 유지하는지를 보여준다. 감정노동의 위기는 시스템의 재조정 과정으로, 팬의 몰입과 감정의 회수는 이전보다 정교한 형태로 반복된다. 혼문을 뚫고 귀마와 악령이 현실로 침입하려 하는 모습은, 감정노동의 실재가 결코 사라지지 않음을 암시한다. 그것은 끊임없이 억압되고 다시 호출되는 순환 구조 속에 남는다.

억압된 감정노동의 실재는 귀마로 전치되고, 사자보이즈의 과잉을 통해 일시적으로 노출되며, 그것은 헌트릭스의 공연과 혼문의 작동으로 다시 봉쇄된다. 노출과 봉쇄의 반복 속에서 산업은 스스로를 갱신하고, 감정은 체제의 연료로 끊임없이 재활용된다. 〈케이팝 데몬 헌터스〉는 이 순환을 미학적으로 완결시키는 텍스트다. 감정의 폭발은 해방의 이미지로 제시되지만, 그 해방은 언제나 체제의 안정 속에서 작동한다. 결국 영화는 감정노동의 현실을 비판적으로 재현하는 대신, 그것을 감동의 형식 속에 봉인함으로써 후기 자본주의 문화산업의 자기합리화를 완성한다.

이처럼 〈케이팝 데몬 헌터스〉는 팬덤의 감정이 어떻게 산업의 동력으로 전환되는지를 서사적으로 형상화한다. 그러나 이 감정의 회로가 작동하기 위해서는, 그것을 뒷받침하는 더 큰 구조, 즉 플랫폼 자본의 시스템이 필요하다. 영화가 그려내는 감동의 장면과 헌신의 의례는 모두 이 산업적 구조 안에서 설계되고 조율된 결과다. 감정의 생산과 소비는 결코 자발적인 상호작용이 아니라, 플랫폼이 설계한 구조 속에서 이루어진다. 이 지점에서 넷플릭스는 단순한 차원의 배급망이 아니라, 감정의 흐름 자체를 관리하는 세계적 인프라이자 알고리즘적 권력으로 등장한다.

플랫폼 자본과 한국적인 것의 관계

넷플릭스는 한류의 세계화를 이끈 주체처럼 보이지만, 그 내부 구조는 알고리즘적 통치성에 기반한 비대칭적 체제다. 플랫폼은 제작비를 제공하고 세계 시장으로의 진출을 보장하는 대신, 창작의 방향과 미학적 판단의 범위까지 계산 가능한 영역으로 수렴시킨다. 창작자는 자유롭게 작업하는 것처럼 보이지만, 그 자유는 예측 가능한 흥행 모델과 시청 데이터의 분석 결과 안에 갇혀 있다. 이러한 자율적 복종의 체제 속에서 한국 콘텐츠 산업은 점점 플랫폼이 예측한 성공을 재현하는 생산 시스템으로 변해 간다. 이 구조는 사회적 통치의 형태이기도 하다. 플랫폼이 시장의 요구를 넘어 창작 행위와 관객의 인식까지 통제 가능한 규율로 재편하기 때문이다. 콘텐츠의 미학적 선택, 장르 구성, 인물의 윤리까지 데이터가 허용한 범위 안에서만 결정된다. 요컨대 '한국적인 것'은 창작의 근원적 정체성이 아니라 플랫폼의 알고리즘이 허용하는 시각적 장식과 문화적 표식이다.

〈케이팝 데몬 헌터스〉도 이러한 구조에서 자유롭지 못하다. 영화는 서울의 도시 풍경과 한글 간판, 아이돌 산업의 상징을 세밀하게 재현하지만, 그것은 자율적 미학이 아니라 글로벌 플랫폼이 요구하는 시각적 균형과 데이터 친화성에 따라 배열된 이미지다. 한국적 요소는 이야기의 중심이 아니라, 세계적 시장이 인식할 수 있는 브랜드의 장식물이다. 플랫폼 자본주의는 이처럼 주변부 문화를 전시 가능한 자원으로 포섭한다. 한국 콘텐츠의 세계적 성공은 창작 주체의 성취가 아니라, 플랫폼 통치성의 효율성을 입증하는 사건으로 귀결된다. 중심 자본은 주변부의 창작을 관리 가능한 데이터로 전환하고, 그 결과 '한국성'은 산업 구조 속에서 끊임없이 재현되지만 결코 자율화되지 못하는 이미지로 남는다. 한류의 확장은 곧 플랫폼의 확장이며, 〈케이팝 데몬 헌터스〉의 미학적 완결은 바로 이러한 비대칭적 세계 질서의 봉합 장면이라 할 수 있다.

〈케이팝 데몬 헌터스〉의 후반부는 산업 구조의 불균형이 어떻게 서사 내부에서 감정적 균형과 화해의 이야기로 치환되는지를 잘 보여준다. 플랫폼 자본의 비대칭적 질서 속에서 만들어진 세계, 즉 구조적 결함은 영화 안에서 개인적 결함과 윤리적 문제로 번역되고, 그 해결의 방식은 구조적 변화가 아닌 자기 조율의 성공으로 그려진다. 루미는 헌터인 동시에 악령의 문양을 가지고 있는, 구조의 모순을 가지고 있지만, 영화는 그것을 주체의 미완과 불안정함으로 재해석한다. 그녀가 문양을 통제할 수 있다고 믿게 되는 순간, 불균형의 문제는 사회적 구조가 아닌 개인의 내면으로 옮겨간다. 산업의 통제는 자기 관리의 서사로 변환되고, '자율적 복종'은 성장 서사로 포장된다.

진우의 서사 또한 이러한 메커니즘을 더욱 선명하게 드러낸다. 그는 가족을 지키기 위해 귀마와 거래했지만, 영화는 그 행위를 체제의 강제가 아닌 윤리적 선택의 문제로 다룬다. 그의 속

죄와 희생이 완성될 때, 폭력의 구조는 비판되지 않고 오히려 '도덕적 균형'이 회복된 것처럼 보인다. 이처럼 구조적 강제는 윤리적 갈등으로, 산업적 폭력은 개인의 책임으로 대체된다. 영화는 사회적 모순을 교정하지 않은 채, 개인의 결단과 화해를 통해 체제의 안정감을 복구한다. 후반부 공연 장면은 이러한 안정의 이미지가 시각적으로 완결되는 순간이다. 혼문이 붕괴되고 군중이 혼란에 빠지지만, 서사는 다시금 화합과 조화의 장면으로 귀결된다. 헌트릭스의 노래가 울려 퍼질 때, 혼문이 다시 펼쳐지고 시스템은 안정을 찾는다. 하지만 그것은 실제로 회복된 조화와 완결의 세계가 아니라, 일시적으로 봉합된 균형의 환영이다. 한류의 성취를 기념하는 듯 보이지만, 실상은 플랫폼 산업이 만들어낸 불균형을 안정의 이미지로 치환하는 체제의 자기보존적 상상력이 그 안에서 작동하고 있다.

재현 이후의 질문들

〈케이팝 데몬 헌터스〉는 표면적으로는 K-콘텐츠와 한류의 성취, 미학적 세련됨을 입증하는 작품으로 보이지만, 그 내면에는 한류가 글로벌 플랫폼 체제에 종속되는 구조적 역설이 자리한다. 텍스트가 구현하는 서울의 세밀한 풍경, 아이돌 무대의 완벽한 연출, 팬덤의 열광 등은 한국 대중문화의 자율성이 아니라, 플랫폼 자본이 설계한 시각적 질서의 재현이다. '한국적인 것'은 창작의 주체적 표현이 아니라, 세계 시장의 시선에 최적화된 장식으로 기능하며, 그 정교한 재현은 오히려 종속의 미학을 감춘다.

아이돌과 팬덤의 감정노동은 이러한 체제의 보이지 않는 동력이다. 헌트릭스의 공연과 혼문의 작동, 팬들의 응원과 몰입은 모두 감정이 자본으로 환원되는 회로를 유지한다. 산업은 감정을 에너지로 추출하면서도 그 과정을 감동의 서사로 치환하여 은폐한다. 팬과 아이돌의 헌신은 체제의 안정으로 귀결되고, 그 안정의 감각은 곧 비판의 중단으로 이어진다. 영화는 감정노동의 피로와 불균형을 시각적 쾌감과 음악적 조화로 봉합하며, 현실의 모순을 감정적 완결로 대체한다. 그 결과 작품은 한류가 세계의 중심으로 이동한 것처럼 보이는 착시를 제공한다. 실재는 플랫폼 자본의 내부 논리 속에서 작동한 결과이지만 말이다. 글로벌 OTT 산업이 결정한 감정의 리듬, 시각의 프레임, 윤리의 서사는 모두 '한국적인 것'을 하나의 표준화된 세계적 감성의 파생물로 전환시킨다. 〈케이팝 데몬 헌터스〉의 성공은 문화의 확장이라기보다, 세계 자본이 한류를 통해 자신의 체계를 재생산하는 과정이다.

〈케이팝 데몬 헌터스〉를 향한 환호가 어떠한 산업 구조와 역사적 조건 속에서 가능했는지를 되묻는 행위야말로 비평의 출발점이다. 한류의 성과에 환호하는 대신, 그것이 무엇을 억압하고 어떤 대가로 얻어진 것인가를 성찰할 때, 우리는 비로소 세계 자본의 질서 속에서 한국 대중문화가 놓인 위치를 재인식할 수 있을 것이다. 〈케이팝 데몬 헌터스〉는 한류의 새로운 도약이 아니라, 후기 자본주의 문화산업이 자신의 불균형을 아름다움의 형식으로 봉합하는 과정을 보여준다. 영화가 완벽한 재현을 통해 구축한 세계는 현실의 균열을 감춘 안정의 환영이며, 그 화려한 스펙터클 속에서 감정노동의 흔적과 산업 종속의 그림자는 여전히 남아 있다. 이 잔여를 인식하는 것이야말로, 한류 이후의 비평이 감당해야 할 역사적 과제다.

PART 2

한국과 따로, 또 같이 만들어지다

초경계적(trans) 관점을 통한 〈케이팝 데몬 헌터스〉 속 '한국성'의 재해석

앨프레드 로*

〈케이팝 데몬 헌터스〉는 2025년 6월 공개된 이후 초문화적 수출작으로서 엄청난 성공을 거두었다. 소니 픽처스 애니메이션에서 제작되어 넷플릭스를 통해 전 세계적으로 공개되었고, 2억 3,600만 회 이상의 시청 수를 기록하며 넷플릭스 역사상 가장 많이 본 영화에 올랐다. 영화에 등장한 가상의 아이돌 그룹이 부른 OST 역시 빌보드 핫 100 차트 10위권 안에 진입했으며, SNS에서는 전 세계적인 댄스 챌린지와 커버 영상 열풍이 이어졌다. 영화의 공동 연출자인 매기 강(Maggie Kang) 감독은 "영화 속에 최대한 많은 한국적 요소를 담아 가장 '한국적인' 영화를 만들고 싶었다"고 밝혔다.

그러나 〈케이팝 데몬 헌터스〉가 거둔 예상 밖의 성공에도, 비

* Alfred Lo, 영국 옥스퍼드대학교 언어학 및 한국학 박사과정 연구원.

평가들은 이 영화가 정말로 '한국적'이라 부를 수 있는지, 그리고 글로벌 대중에게 어필하는 과정에서 그 문화적 특수성이 희석된 것은 아닌지 의문을 제기했다. 이 작품은 소니 픽처스 애니메이션이 넷플릭스 공개를 목표로 제작한 영화로, 대부분의 제작 과정이 미국에서 이루어졌다. 등장인물들이 미국식 영어를 사용한다는 점 역시 이 영화가 '한국 영화'라기보다 '미국 영화'처럼 느껴지게 하는 요인으로 지적되었다. 사실 이러한 논의는 〈케이팝 데몬 헌터스〉에만 국한되지 않는다. K-팝, K-드라마, K-뷰티 등 'K-'라는 이름 아래 세계 시장에 진출한 여러 문화상품 또한 국가적 정통성, 즉 '한국적 문화'의 순수성을 얼마나 유지하고 있는가 하는 질문을 꾸준히 받아왔다(Jin, 2016; Kiaer, 2023). 한국에서 제작되어 세계적 인기를 얻은 다른 K-콘텐츠와 달리, 〈케이팝 데몬 헌터스〉는 한국 외부에서 만들어졌다는 점에서, 대중성을 확보하는 세계화의 과정에서 '한국성'이 희미해질 수 있다는 우려를 낳았다.

이 글은 언어와 문화에 대한 초경계적(trans) 관점을 채택하여, 〈케이팝 데몬 헌터스〉가 구현한 '문화'를 언어적 관점에서 이해함으로써 '한국성'을 재구성하고자 한다. 트랜스랭귀징(Li, 2018)과 트랜스컬처링(Lo, 2025) 이론을 바탕으로, 필자는 이 영화가 '한국어'와 '영어', 나아가 '글로벌'이라는 고정된 범주들 간의 대비 속에서 이해되어서는 안 된다고 본다. 오히려 다수의 언어적·기호적 자원들이 특정한 순간들 속에서 결합되고 집중되는 방식에 주목해야 한다. 이러한 미시적 분석을 통해 우리는 영화가 어떤 문화적 의미를 생산하고자 하는지를 파악할 수 있다. 〈케이팝 데몬 헌터스〉는 글로벌 문화 창작물이 하나의 문화 규범이나 정체성에 고정되지 않고, 다양한 언어적·기호적 자원을 조합함으로써 세계적으로 소비될 수 있음을 보여준다. 즉, 이 영화는 각 장면과 순간마다 '한국성'을 새롭게 구성하고 있으며, 그 과정에서 트랜스랭귀징과 트랜스컬처링의 역동적 실천이 드러난다.

언어와 문화에 대한 초경계적(trans) 관점

'실천적' 언어 이론으로 개념화되는 트랜스랭귀징(translanguaging)은 언어를 경계로 구분·명명하는 전통적 관점을 벗어나 다중 언어 구사자의 통합된 자원을 강조한다(Li, 2018). 이 관점에서 화자는 고정된 코드에 얽매이지 않고, 유연하고 전략적으로 언어적·기호적 자원을 활용한다. 트랜스랭귀징은 다언어적 실천을 서술하는 개념일 뿐 아니라, 언어·언어능력·의사소통을 재정의하는 지향점이기도 하다. 인간은 트랜스랭귀징 본능(Li, 2018)을 가진다. 이는 소통하고 창조하며 세상을 이해하기 위해 기호적 자원을 활용하고 유연하게 조직하는 선천적 능력이다. 이 본능을 통해 화자는 제한 없이 자원을 다루어 서사를 창작하고, 맥락 속에 예상치 못한 의미를 담아내기도 한다. 트랜스랭귀징 공간(Li, 2011)은 이러한 실천을 통해 만들어지고 이를 위해 사용되는 공간을 가리킨다. 이 공간에서는 한 사람이 가진 다양한 차원의 역사·경험·환경, 그리고 그 태도·신념·이념이 인지적·물리적 능력과 결합해 조직화되며, 의미 있는 성과로 수렴된다. '순간 분석'(moment analysis; Li, 2011)은 트랜스랭귀징 공간에서의 실천을 관찰하는 방법론적 관점을 제시하며, 상호작용의 특정 사례가 지니는 직접성과 중요성에 주목한다. 이러한 순간은 일상적이면서도 두드러지며, 상황에 따라 창의적이고 참여자에게 의미 있는 방식으로 트랜스랭귀징이 경험되고 수행되는 양상을 드러낸다. 트랜스랭귀징 본능은 개인이 의미를 만들어내기 위해 모든 가용 자원을 동원하는 과정(즉 의사소통)의 근본적 창조성과 비판성을 강조한다.

'초경계적' 관점에서 문화를 이해하기 위해 로(Lo, 2025)는 트랜스컬처링(transculturing)을 이론적·분석적 접근법으로 발전시켜, 의사소통이 실천되는 순간들의 역학을 통해 문화를 파악한다. 홀리데이(Holliday, 1999)의 '작은 문화(small cultures)'와 리(Li, 2011)의 '순간 분석(moment analysis)'에 기반한 트랜스컬처링은, 문화를 현재진행형의 과정으로 보고 언어적·기호적 자원의 조직화를 통해 지속적으로 수행되는 것으로 간주한다. 문화는 상호작용의 즉각적이고 미세한 역학 속에 존재하며, 그 안에서 참여자들은 자신의 상황을 이해하고 맥락 속에서 의미를 구성한다.

트랜스컬처링은 두 가지 핵심 방향으로 특징지어진다. 하나는 초문화적 상상력(transcultural imaginitivity)으로, 이는 현재의 현실 너머에 존재할 수 있는 문화적 가능성을 상상하는 능력을 의미한다. 이를 통해 참여자들은 존재와 관계의 새로운 방식을 구상한다. 다른 하나는 초문화적 생산성(transcultural productivity)으로, 이는 언어적·기호적 자원을 선택·조합하여 의미를 생산하는 실질적 기호 활동을 가리킨다. 이러한 과정에서 문화적 가능성은 특정 순간마다 구체적으로 실현된다.

따라서 언어와 문화에 대한 '초경계적' 관점은 문화적 실천이 수행되는 과정에서 창의성, 비판성, 상상력을 통해 구현되는 방식을 포착한다. 이때 생성된 의미는 독창적이며, 다양한 맥락 속에서 이해될 수 있다. 이러한 의미는 특정 순간들의 자연스러움과 그 속에 담긴 의미 작용의 측면에서 검토되어야 한다. 결국 언어와 문화의 '초경계적' 결합은 창의적·생산적·상상적인 실천 행위로서, 끊임없이 수행되고 변형되는 글로벌 문화 창작물의 특성을 더욱 정밀하게 설명할 수 있다.

이름을 통해 표현된 혼합적 한국성

영화 속 등장인물의 이름과 신화적 요소를 지닌 명칭은 혼합적 '한국성'을 생성하기 위해 조직된 언어적·문화적 자원의 대표적 사례로 볼 수 있다. 예를 들어 '지누(Jinu)'는 쉽게 알아볼 수 있는 한국식 이름 '진우'와 동일한 음운 구조를 지닌다. 이는 K-팝 가수들이 보통의 한국 이름을 줄이거나 세련되게 변형해 사용하는 예명 방식과 유사하기 때문에, 글로벌 팬들에게도 친숙하게 인식된다. '귀마(Gwi-Ma)'는 한국의 샤머니즘과 초자연적 전통을 직접적으로 참조한 이름으로, 말 그대로 '귀신 악마'를 뜻하며 영화의 세계를 한국 민속 신앙의 맥락 안에 위치시킨다. 아이돌 그룹 '사자보이즈(Saja Boys)'는 동물 '사자'와 '저승사자'를 모두 연상시키는 다의성을 활용한 명명으로, 여기에 영어 단어 '보이즈(boys)'를 결합함으로써 K-팝 보이그룹의 작명 관습을 상기시킨다. 반면 '루미(Rumi)'는 '전형적인' 한국 이름은 아니며, 일본식 작명과 연관성이 강하다.

이와 같은 다양한 이름들은 기존 문화와의 연관성을 활용하거나 변형하는 방식으로 다층적인 언어 자원을 동원한다. 진우와 귀마는 한국의 전통적 작명 방식과 신화적 요소를 이야기 속에 직접 반영하면서도, 이를 그대로 재현하기보다 넷플릭스 판타지 애니메이션의 서사적 관습에 맞게 재맥락화한다. 예를 들어, 귀마는 한국의 샤머니즘적 요소를 기반으로 하지만, 영화 속에서는 글로벌 판타지물의 전투 서사 안에서 악마의 역할을 수행한다. 이처럼 이름을 붙이는 행위 자체가 한국적 요소가 맥락에 따라 이동하고, 그에 맞게 재구성되는 과정을 가능하게 한다.

루미는 이러한 역학을 한층 더 분명히 보여준다. 한국적 요소가 중심을 이루는 이야기 속에서 일본어 기반의 이름을 사용하는 것은 '한국성'이 단일하거나 균질하다는 전제를 흔든다. 그 대신 'K-'라는 이름 아래 한국과 일본의 언어 자원이 공존하며, 관객은 자신이 지닌 언어적·문화적 지식을 바탕으로 그 이름을 해석한다. 루미라는 이름이 일본식으로 읽히든, 혼종적 이름으로 인식되든, 혹은 단순히 낯설게 받아들여지든 간에, 그 해석의 다층성 자체가 초경계적 '한국성'을 드러낸다.

'사자보이즈'라는 이름은 여러 층위에서 작동한다. '사자'의 다의성을 활용한 언어유희는 한국어뿐 아니라 영어에서도 다양한 의미 층위를 활성화하며, 그들을 K-팝 보이그룹이라는 범주 안에 재배치한다. 이러한 효과는 서로 다른 전통을 넘나드는 의미의 조화에서 비롯되며, '사자'라는 어휘에 익숙한 한국의 팬들과 글로벌 관객 모두에게 접근 가능한 이름을 형성한다. 따라서 이름을 붙이는 행위는 하나의 문화적 실천으로, 각 사례는 트랜스랭귀징 본능이 기호 자원들의 유연한 조화를 통해 의미를 생산하는 방식을 보여준다. 나아가 초문화적 상상력과 생산성은 이러한 자원들이 어떻게 새로운 문화적 가능성으로 투영되고, 구체적 형태로 구현되는지를 드러낸다.

발화된 (혹은 그렇지 않은) 한국어

〈케이팝 데몬 헌터스〉에서는 일부 한국어 표현이 번역이나 설명 없이 주요 장면 속에 자연스럽게 등장한다. 이러한 용어들에는 별도의 해설이나 자막이 제공되지 않지만, 영화는 관객이 인물의 행동이나 상황 전개를 통해 제시되는 해석적 단서를 바탕으로 그 의미를 유추할 수 있으리라고 전제한다. 다음의 사례들은 트랜스랭귀징과 트랜스컬처링이 어떻게 함께 작동하며, 서사 속에 한국어를 통합함으로써 그것들이 지역적 차원뿐 아니라 세계적 차원에서도 의미를 획득하게 하는지를 보여준다.

[그림 2-1] "혼문"

첫 번째 사례는 오프닝 장면에서 확인할 수 있다. 이 장면에서 나레이션은 "그 유대감으로 최초의 헌터들은 이 세상을 지킬 방패를 만들었어. 그게 혼문이야"라고 설명한다. 화면에는 동심원 형태로 선 사람들이 의식을 치르는 듯한 대형을 이루고 있으며, 동시에 푸른 빛줄기가 번쩍이며 바깥쪽으로 확산되어 보호막을 형성한다. 중앙에는 전통 한복을 입은 세 여인이 악사들과 다른 사람들에게 둘러싸여 춤을 추고 있고, 그들의 조화로운 손짓이 장면의 의례적 분위기를 한층 강화한다.

이 장면에서 '혼문'(말 그대로 '혼의 문')은 시청각적 요소를 통해 번역 없이도 그 의미를 전달한다. 빛의 파동은 보호의 이미지를 형성하고, 원형의 배열은 집단의식을 암시하며, 대사는 이 현상을 신화적 방어막의 탄생으로 규정한다. 이러한 언어적·기호적 자원들은 관객이 '혼문'의 어원을 알지 못하더라도 그것을 마법적 장치로 이해할 수 있게 한다. 다시 말해, 한국에서 유래한 복합어가 영어로 번역되지 않더라도 그 고유한 울림과 맥락적 의미를 유지할 수 있는 것이다.

이 장면은 트랜스랭귀징의 대표적 사례라 할 수 있다. 한국어와 영어의 언어적 형태가 시각적·음악적 신호라는 기호 자원과 동시에 작동하기 때문이다. 이러한 자원들은 '한국성'을 보호막, 마법 봉인, 세상을 지키는 의식 등 보편적 상징 체계 속에 재배치함으로써, 지역적 특수성과 세계적 보편성이 맞물리는 구체적 순간을 만들어낸다.

두 번째 사례는 방송이 끝날 무렵, 진우가 마이크를 잡고 걸그룹 헌트릭스(HUNTR/X)를 깜짝 게스트로 소개하며 무대로 불러내는 장면에서 나타난다. 화면에는 아무 무늬 없는 검은 배경 위로 헌트릭스의 세 멤버가 등장하고, 루미는 "우리 후배님들 예능 데뷔라길래 축하해 주려고 잠시 들렀는데요"라고 말한다. 자막에서는 영어 문장 사이에 '후배님들(hoobaes)'을 이탤릭체로

[그림 2-2] "후배님들"

표기하여, 문장 흐름 속에 자연스럽게 삽입하면서도 그 차이를 시각적으로 드러낸다.

'hoobaes'라는 단어는 한국어 '후배'에 영어의 복수형 어미 '-s'를 결합한 형태로, '영어'나 '한국어' 어느 한쪽으로도 명확히 분류하기 어렵다. 오히려 키에르(Kiaer, 2018)가 말한 '초경계적 언어 표현(transboundary linguistic expression)'으로 이해하는 것이 적절하다. 이는 한국어와 영어의 언어 자원이 하나의 어휘 안에서 통합되어, 더 큰 문장 맥락 속에서 트랜스랭귀징의 순간을 만들어내기 위해 창의적으로 재구성된 사례라 할 수 있다.

또한 이 단어의 철자가 공식 로마자 표기법인 'hubae'가 아니라, 팬들이 주로 사용하는 형태인 'hoobae'로 쓰였다는 점도 주목할 만하다. 이는 영어권 화자로 구성된 팬덤에서 흔히 나타나는 관습을 반영한 것으로, 철자를 변형해 발음을 시각적으로 드러내거나 더 친근하고 익숙한 형태로 만드는 방식이다. '언니'

를 'eonni'가 아닌 'unni'로 표기하는 관습이 대표적 예라 할 수 있다(Ahn & Kiaer, 2021).

이 장면은 앞선 장면과는 다르다. 관객이 이미 'hoobae'라는 표현에 익숙하거나, 신입자의 데뷔를 축하하는 맥락을 통해 그 의미를 유추할 수 있으리라는 전제가 암묵적으로 깔려 있기 때문이다. 영화는 이 단어의 의미를 명시적인 해설이 아니라, 일상적 행위를 묘사하는 방식으로 전달한다. 후배의 데뷔를 축하하는 것은 K-팝 아이돌 문화에서 흔히 볼 수 있는 관습으로, 멘토 관계·위계·연대의 상징으로 작동한다.

이때 트랜스랭귀징은 문화 특수적인 관계 표지가 영어 대사 속에 자연스럽게 자리하도록 하고, 트랜스컬처링은 그 표지를 한국적 관계 규범을 글로벌 서사 공간에 투영하는 세계 구축의 자원으로 전환한다. 이러한 언어적·기호적 자원은 창의적이고 상상적인 방식으로 구성되어, 'hoobaes'라는 표현이 관객에게 이해 가능한 의미로 작동하도록 조직된다.

세 번째 사례는 헌트릭스의 매니저 바비(Bobby)가 멤버들이 시상식에서 상을 받을 것이라 확신하며 "좋았어! 오늘 상 받고 이태원 가서 핫도그 먹자! 가자가자!"라고 외치는 장면에서 확인할 수 있다. 화면 속 바비는 승리의 표현으로 주먹을 들어올리고, 얼굴에는 즐거움이 가득하다. 두 번째 사례와 마찬가지로 '*Itaewon*'을 이탤릭체로 표기한 것은 관객이 이 단어를 밤의 유흥, 국제적 분위기, 한국식 길거리 음식이 어우러진 장소로 인

[그림 2-3] "이태원"과 "가자가자"

식하리라는 전제를 바탕에 두고 있다. 동시에 영화는 이 의미를 '이기고, 먹고, 기쁨을 나누는' 축하의 장면으로 배치함으로써 자연스럽게 전달한다.

'가자가자'라는 표현 역시 한국어를 잘 알지 못하는 관객이라도 들뜬 억양과 리드미컬한 반복을 통해 즉각적으로 이해할 수 있다. 활기찬 목소리와 손짓은 언어 장벽을 넘어 정서적 에너지를 직접적으로 전달한다. 흥미롭게도 자막에서는 이 부분이 번역이나 한국어 표기 없이 "[한국어로 말한다]"로 단순 표기되어 있다. 이 전략은 해석의 주체를 관객에게 넘기며, 바비의 말과 몸짓, 목소리 톤, 축하의 분위기 등 다양한 언어적·기호적 자원에 의존해 의미를 구성하도록 유도한다.

영어와 한국어가 하나의 발화 안에서 손짓과 억양의 보조를 통해 자연스럽게 교차하는 순간, 우리는 트랜스랭귀징의 실천을 목격할 수 있다. 일상적인 한국어 표현 '가자가자'가 글로벌 영화 속에서 일종의 구호로 변모하는 과정에서는 트랜스컬처링의 양상 또한 분명히 드러난다. 이때 '한국성'이라는 문화적 특수성은 유지되지만, 감정적 공감은 언어적 자원(영어와 한국어)과 기호적 자원(시각적 신호, 의상, 손짓, 배경)의 결합을 통해 다양한 관객에게 확장된다. 다시 말해, 이 영화는 번역되지 않은 한국어를 수행적 자원으로 전환함으로써, 언어를 초경계적으로 작동시키는 방식을 보여준다.

각각의 사례에서 이 영화는 관객이 표현을 장면 속에 대입하며 그 의미를 추론할 수 있으리라는 전제에 의존한다. 각 장면은 구체적인 순간마다 수행되는 행위를 통해 표현의 의미를 이해하도록 돕는 기능을 한다. 이러한 장면들은 〈케이팝 데몬 헌터스〉가 트랜스랭귀징과 트랜스컬처링을 어떻게 실천하는지를 보여주는 예이다. 한국의 언어와 문화를 설명이 아니라 맥락 속에서 실제로 경험되는 상호작용의 순간들을 통해 전달한다.

가상의 언어적 풍경을 통해 재구성된 '세계화되는 한국'

〈케이팝 데몬 헌터스〉의 가상적 풍경은 '한국'을 글로벌 무대 위에 투영하는 데 주도적인 역할을 한다. 다양한 언어적·시각적 자원들이 결합하여 한국의 다층적이고 복합적인 이미지를 형성한다. 이러한 자원들은 국가적 정통성을 고정된 표지로 제시하기보다, 한국을 그 자체로 다언어적·다문화적인 존재로 드러내는 역동적 장치로 기능한다. 영화는 평범해 보이는 일상적 인공물들을 '세계화되는 한국'의 강력한 매개체로 전환함으로써, 이미 복합적이고 유동적인 국가로서의 한국을 그려낸다.

[그림 2-4] '神' 라면

첫 번째 사례는 헌트릭스 멤버들이 착륙을 앞둔 비행기 안에서 등장하는 장면에서 확인할 수 있다. 미라(Mira)는 '神 MIRA'라고 적힌 컵라면을 들고 불만 섞인 목소리로 "아직 라면도 못 먹었는데!"라고 외친다. 조이(Zoey)는 또 다른 한국 간식 문화의 대표적 아이콘인 새우깡을 손에 쥔다. 여기서 '신라면'의 '辛(매울 신)'을 '神(신령 신)'으로 치환한 것은 기존 브랜드를 패러디함과 동시에 그 가치를 상승시켜, 하나의 디자인 안에서 표의문자적 글쓰기와 영어의 양식화된 서체를 결합한 사례라 할 수 있다.

이 장면은 라면이나 그 포장지를 고립된 '한국적 코드'로 제시하지 않는다. 제품명, 간판, 신문, 사람들의 이름처럼 일상에서 한국어의 가시적이고 일반적인 일부로 존재하는 한자가 포장지에 사용된 것이다. 이러한 한자는 특정한 '중국' 혹은 '일본' 국적의 문화적 소속을 가진다고 보기보다, 한국 고유의 혼합적 기호 환경에 속한다고 이해하는 편이 타당하다.

게다가 이 장면은 한국어, 영어, 그리고 표의문자라는 언어 자원이 손짓·브랜딩·수행적 요소와 상호작용하면서 '세계화되는 한국'을 구성하는 트랜스랭귀징의 순간을 만들어낸다. 포장지의 가시성, 새우깡을 쥔 행위, 영어로 발화되는 미라의 대사가 결합되어 다양한 관객에게 의미를 전달한다. 이 과정에서 평범한 한국 음식은 문화적 아이콘으로 재해석되며, 트랜스컬처링의 과정이 발생한다. 즉, 한국 음식은 국가적 특수성을 유지하면서도 동시에 세계적으로 이해 가능한 상징으로 전환된다.

이 장면은 '한국' 혹은 '한국적인 것'을 고정적이거나 단일한 실체가 아닌, 이미 혼합적이고 다층적인 것으로 묘사한다. 한국은 폐쇄적이고 단일 언어만 사용하는 독립체가 아니라, 다양한 언어와 문화가 공존하며 일상의 기호적 실천 속에서 끊임없이 서로를 융합하는 공간으로 제시된다. 다시 말해, 이 장면은 애니메이션 내부에 내재된 언어적·문화적 자원의 상호작용을 통해 세계적으로 인식 가능한 '한국성'의 상징을 구성하고 이를 시각적으로 투영한다. 〈케이팝 데몬 헌터스〉는 이러한 일상적 문화 실천들이 어떻게 '세계화되는 한국'의 상징으로 재구성될 수 있는지를 명확히 보여준다.

[그림 2-5] HAN 의원

두 번째 사례는 등장인물들이 서울의 거리를 걷다가 'HAN 의원'이라는 간판 앞에 멈춰 서는 장면에서 확인할 수 있다. 이 표기는 실제 한국의 간판에서는 다소 이례적인 형태다. 일반적으로는 전부 한국어로 쓰거나, 한국어와 한자를 함께 사용하는 경우가 많기 때문이다. 그러나 이 조합은 영어 'HAN'과 한국어 '의원'을 의도적으로 결합하여, 관객에게 즉각적으로 '한국의 거리'임을 인식시키면서도 국제 관객이 이해할 수 있도록 설계된 언어적 풍경을 만들어낸다. 여기에 영어로 쓰인 "SEEN ONLINE(온라인에서 화제)!" 스티커는 한국 전통 의학의 지역적 담론 양식을 현대의 디지털 프레임 속으로 끌어들이며, 언어적 층위를 확장한다.

이 장면은 〈케이팝 데몬 헌터스〉가 한국적 요소에 뿌리를 두면서도 어떻게 세계적으로 통용될 수 있는 언어적 기반을 구축하는지를 보여준다. 영화는 한국을 단일 언어로 통일된 공간으로 그리지 않는다. 대신 간판, 광고, 브랜드 등 시각적 배경 속에서 영어·한국어·한자가 빈번하게 혼합되는 현대 한국 도시의 다중언어적이고 혼성적인 실재를 사실적으로 재현한다.

이 장면은 세계화가 심화된 21세기에서 언어적 순수성이 더 이상 존재하기 어렵다는 사실을 강조한다. 대신 영화 속 한국은 이미 다양한 언어와 문화를 포괄하는 다층적 공간으로 그려지며, 일상적 도시 풍경을 통해 언어와 문자 간의 끊임없는 상호작용을 드러낸다. 일부 관객에게 이러한 간판은 '현지답지 않다'거나 '부자연스럽다'고 보일 수 있지만, 이는 '한국에 있음'을 글로벌 소통이 가능한것으로 재범주화하는 과정에서 트랜스랭귀징과 트랜스컬처링이 동시에 수행된 결과이다.

이때 '한국성'은 지역적 특수성을 잃지 않으면서도 한의원이라는 익숙한 맥락을 참조하고, 성씨이자 정서적 울림을 지닌 문화적 기호로서 'HAN(한)'의 상징성을 적극 활용한다. 이러한 기호적 자원을 영화의 시각적 환경 속에 엮어냄으로써, 〈케이팝 데몬 헌터스〉는 '한국'을 닫혀 있는 국가가 아니라 환대하며 개방된 세계와 소통하는 공간으로 재구성한다.

맺음말

결론적으로, 필자는 〈케이팝 데몬 헌터스〉를 이해하기 위해서는 정통성에 대한 추상적 논의보다, 언어적·기호적 자원이 조직되어 문화적 의미가 생성되는 구체적 순간들에 주목해야 한다고 본다. '초경계적' 관점은 이 영화를 '한국어', '영어', '미국'의, 혹은 '글로벌'이라는 고정된 범주와의 비교를 통해 해석하기보다, 이러한 범주들이 실제로 어떻게 끊임없이 재구성되는지를 탐구한다. 〈케이팝 데몬 헌터스〉의 의의는 한국을 정적이거나 경계 안에 고정된 실체로 제시하는 데 있지 않다. 오히려 문화적 정체성이 수행·대화·명명·시각적 디자인·디지털 풍경 속에서 어떻게 역동적으로 재구성되며, 그 과정에서 지역적 특수성에 뿌리를 두면서도 글로벌 관객이 접근 가능한 문화적 의미를 창출하는지를 보여주는 데 있다.

진우, 귀마, 루미, 사자보이즈 같은 이름에 대한 분석은 이름을 짓는 가장 단순한 행위조차 다양한 언어 자원을 활용해 한국의 문화적 요소를 글로벌 애니메이션 속에서 작동 가능한 자원으로 전환할 수 있음을 보여준다. '혼문', '후배', '가자가자'처럼 번역되지 않은 표현들은 이 영화가 명시적인 해설보다 장면의 맥락과 묘사에 의존하여, 관객이 다양한 언어적·기호적 자원을 통해 의미를 추론하도록 유도함을 드러낸다. 마지막으로, '라면' 포장지와 'HAN 의원' 간판이 등장하는 장면은 일상적 사물과 도시의 표식들이 혼재성이 일반화된 디지털 언어 풍경을 구성함을 강조하며, '한국'을 따뜻하고 개방된 세계화의 공간으로 제시한다.

이러한 발견은 〈케이팝 데몬 헌터스〉가 고정된 코드와 개별적 경계를 전제했던 과거의 코드 전환 체계로는 적절히 설명될 수 없음을 보여준다. 이 영화는 다양한 자원을 유연하게 동원하며, 인간의 의사소통을 뒷받침하는 트랜스랭귀징의 본능과, 여러 트랜스랭귀징의 공간 속에서 문화적 가능성이 상상되고 실현되는 트랜스컬처링의 과정을 구체적으로 드러낸다.

영화는 자원이 결합된 이름들, 번역되지 않고 수행을 통해 의미를 획득하는 표현들, 그리고 한국어·영어·한자가 뒤섞이는 디지털 풍경을 통해 한국을 이미 혼합적이고 다언어적·다문화적인 공간으로 제시한다. '한국성'은 글로벌 환경 속에서 희석될 위험이 있는 정적인 정체성이 아니라, 복합성과 상호작용 속에서 발전하는 현재진행형의 과정으로 나타난다.

또한 영화는 음식, 간판, 표현, 신화적 요소들을 일상적이면서도 판타지적인 시나리오 속에 통합함으로써, 문화가 순간순간의 상호작용을 통해 끊임없이 재구성되는 양상을 보여준다. 따라서 〈케이팝 데몬 헌터스〉는 한국 대중문화의 글로벌 생명력을 입증하는 대표적 사례로, '한국성'과 '한국'을 트랜스랭귀징과 트랜스컬처링의 실천을 통해 재구성한다. 이러한 점이 바로 이 영화의 전 세계적 성공에 기여한 핵심 요인일 것이다.

PART 1

세계로 건너간 놀이

한국적 서사는 어떻게 세계인의 공감대를 만드는가? / 이지혜

PART 2

오징어 게임의 초국가적 문화 감성과 상업적 모순

문화 비판적 독해 / 라탄 쿠마 로이

[드라마]

오징어 게임

넷플릭스 오리지널 한국 드라마로 힘든 삶을 살던 사람들이 400억이 넘는 상금이 걸린 게임에 초대되면서 벌어지는 이야기이다. 돈을 위해 서로 경쟁하는 적자생존의 현장을 적나라하게 표현했다. 제목은 골목 놀이인 '오징어 게임'에서 왔다. 역대 대한민국의 콘텐츠를 통틀어 전 세계적으로 가장 흥행하고 널리 알려졌다. 골든글로브 시상식 3개 부문에 노미네이트 되어 1개 부문을 수상했고, 비영어 작품으로는 최초로 에미상 14개 부문에 노미네이트 되어 6개 부문을 수상했다. '시즌 1'이 큰 성공을 거두어 '시즌 3'까지 제작되었다.

- 공개일 : 시즌 1) 2021년 9월 17일
  시즌 2) 2024년 12월 26일
  시즌 3) 2025년 6월 27일
- 제작사 : (주) 싸이런픽처스, (주) 퍼스트맨스튜디오
- 극본, 연출 : 황동혁
- 스트리밍 : 넷플릭스
- 출연 : 이정재, 이병헌, 박해수, 위하준, 임시완, 강하늘 등

PART 1

세계로 건너간 놀이

한국적 서사는 어떻게 세계인의 공감대를 만드는가?

이지혜*

세계를 멈추게 한 이야기

2021년 9월 공개된 넷플릭스 시리즈 〈오징어 게임〉은 공개 28일 만에 전 세계 1억 4천만 가구 시청을 기록했다. 이는 94개국 1위라는 수치로, 당시 넷플릭스 역사상 가장 높은 시청률이었다(NETFLIX, 2021). 영국의 공영방송 BBC와 일간지 〈가디언(The Guardian)〉은 이를 "비영어권 콘텐츠가 세계 문화의 중심으로 진입한 결정적 순간"이라 평가했다. 이 사건은 K-콘텐츠가 더 이상 주변부가 아니라 세계 문화의 한가운데서 이야기의 감각을 주도하는 주체로 부상했음을 보여준다.

흥미로운 점은 〈오징어 게임〉의 흥행이 일시적 현상에 그치

* 경희대학교 K-컬처 · 스토리콘텐츠연구소 연구원.

지 않았다는 것이다. 시즌 2(2024년 12월 공개)와 시즌 3(2025년 6월 공개)이 연이어 공개되며 세계 동시 방영 방식으로 확장되었고, 특히 시즌 3은 사흘 만에 6천만 회 이상의 시청 기록을 달성했다. 전 세계의 관심이 여전히 유효함을 입증한 셈이다. 이러한 연속성은 〈오징어 게임〉이 하나의 '살아 있는 이야기'로 자리 잡았음을 의미한다.

익히 아는 것처럼 〈오징어 게임〉은 한국 사회의 불평등, 채무, 생존 경쟁이라는 로컬한 현실을 바탕으로 한 드라마다. 지극히 한국적인 것들로 시작해 스릴러와 디스토피아라는 익숙한 틀 속에서 움직인다. 그런데 이 드라마는 그러한 서사를 한 번 더 한국 고유의 놀이에 은유해 세계인의 정서로 번역하는 데 성공한 작품이다. 예컨대 한국 고유의 '무궁화꽃이 피었습니다' 게임은 우리에게 향수의 놀이지만, 해외 시청자에게는 거대한 인형의 시선과 총소리로 인식된다. 익숙한 놀이가 어느새 공포의 장면으로 바뀌어 감시와 폭력의 이미지로 읽히는 것이다. 익숙하지만 낯설고, 낯설지만 흥미로운 이 조합이 가능했던 건 파편들을 조립해 새로운 이야기의 몸을 만든 제작자의 감각 덕분일 것이다.

이처럼 〈오징어 게임〉 속에는 한국 사회의 현실과 세계 대중문화의 감각이 뒤섞여 있다. 놀이, 색채, 정(情), 채무 같은 한국적 코드가 넷플릭스라는 글로벌 플랫폼을 거치면서 새롭게 번역되고 재배치된다. 그 결과 이 작품은 장르적 완성도나 마케팅 전략으로만 설명되기보다 '서로 다른 문화와 감각이 만나는 접점'에서 읽힐 필요가 있다.

이 작품의 구성 방식은 서로 다른 조각들이 이어 붙여져 새로운 의미를 만들어내는 작업과 닮았다. 이러한 구조는 '트랜스 브리콜라주' 개념으로 설명할 수 있다. 이는 주어진 재료를 익숙하게 조합하는 것이 아니라, 서로 다른 문화·기술·감각의 경계를 넘나들며 새롭게 결합시키는 수행적 방식으로, '있는 것들로 새로운 세계를 짓는 기술'을 뜻한다. 〈오징어 게임〉은 바로 이 과정을 통해 한국의 현실적 정서가 세계의 감각으로 확장되는 장면을 만들어냈다.

결국 이 작품의 성공은 '세계가 본 한국 드라마'의 차원을 넘어선다. 말하자면 '오징어 게임'은 서로 다른 세계가 만나는 '감각의 교차점'이자, 그 차이 속에서 공통의 언어를 만들어가는 실험장이었다. 따라서 이제 〈오징어 게임〉 세계의 언어가 된 방식과 감각적 구조가 작동한 방식을 면밀하게 살펴볼 필요가 있다.

서로 다른 세계가 만나는 방식

〈오징어 게임〉의 세계적 흥행이 특별한 점은, 시즌제 드라마 한 작품 덕분에 서로 다른 문화가 만나고 이동하며 새로운 감각을 만들어내는 다양한 감각 실천의 장이 긴 시간 지속적으로 펼쳐졌다는 데 있을 것이다. 말하자면 한 편의 드라마가 시청률이나 흥행 지표 등의 산업적 성공으로 해석되는 것에서 나아가 그 안에서 한국의 정서와 세계의 감각이 부딪히고 섞이며 확산되는 과정에서 벌어진 재미있는 문화적 현상들이 더 유의미해진 것이다.

〈오징어 게임〉은 작품에 내재된 문화원형의 뿌리가 종자가 되어 밈화된다는 특징을 지닌다. 생산-수용-확산이 서로 연결된 순환 구조로 작동하는 대표적 사례라 할 수 있다. 따라서 드라마를 통해 유입된 팬들은 틱톡, 유튜브, X(트위터) 등 소셜미디어를 통해 장면을 모방하고, 인물의 대사와 작품 속 소품을 재가공하며 콘텐츠로 향유한다. 예컨대 드라마 속 '달고나 챌린지'는 목숨을 건 게임에서 비롯되었지만, 현실에서는 실패해도 웃을 수 있는 한국 고유의 놀이로 변모했다. 이렇듯 '달고나', '깐부' 등 새로운 한국적 놀이와 정서를 접한 팬의 감정 흐름이 디지털 문화로 이어지면서, 이야기로 조립되는 과정에서 공포의 요소가 유머로, 생존의 도구가 놀이의 도구로 전환된다. 팬들의 손을 거쳐 이야기가 다시 쓰이는 것이다. 이때 팬은 단순히 '따라 하는' 존재가 아니라, 원작의 감각을 자기 언어로 재배치하고 확장하는 탈맥락적·재맥락적 활동을 수행한다. 이러한 흐름은 혼종성을 지닌 콘텐츠가 더 이상 제작자에 의해 완결되지 않는 시대적 특징을 보여준다.

또한 이러한 흐름 뒤에는 넷플릭스라는 플랫폼의 기술 환경이 있다. 주지하다시피 넷플릭스는 시청자의 행동을 분석해 알고리즘으로 선택의 흐름을 조정한다. 자동 재생, 개인 맞춤 추천, 콘텐츠 섬네일의 반복 노출은 시청자의 관심을 한 번 더 머물게 한다. 플랫폼은 이를 유사 콘텐츠로 연결시켜 이야기의 세계를 확장한다. 시청자가 어떤 장면에서 멈췄는지, 얼마나 이러한 행위를 반복했는지, 혹은 SNS에서 어떤 밈을 더 오래 보았는지에 대한 정서적 반응을 데이터 처리한 후 다시 시스템 속으로 틈입시킨다. 〈오징어 게임〉은 이러한 플랫폼의 구조 덕분에 시청자의 반응과 팬의 수행, 제작자의 설계가 하나의 순환 구조로 맞물린 드문 사례이자 수혜자가 되었다.

이처럼 작품 내부의 혼종성 → 팬의 수행 → 플랫폼의 확산이라는 세 축이 맞물리며 〈오징어 게임〉은 한 편의 이야기에서 움직이는 감각 생태계로 진화했다. 여기에서 K-콘텐츠의 진정한 위상이 드러난다. 한국에서 만들어졌지만, 한국에만 머물지 않는 이야기로서 지금 모두가 함께 구성하고 참여하는 복합적 문화 생태계를 구축한 것이다.

〈오징어 게임〉 또 다른 생명들

〈오징어 게임〉이 세계적으로 유행한 이유를 설명할 때, 시청자들이 작품 속 인물의 정서와 행동 동기에 강하게 이입했다는 점이 자주 언급된다. 실제로 〈오징어 게임〉은 수많은 감금 추리물이나 공간 탈출물과 달리, 참가자들이 우연히 잡혀오거나 함정에 빠져 게임에 참여한 것이 아니라, 자신의 의지로 생활고를 벗어나거나 일확천금을 노려 참여한다는 설정을 취한다. 이러한 점에서 기존 장르물보다 시청자의 공감대를 더욱 넓게 확보했다. 그러나 그 '이입'은 보편적 정서의 반응이라기보다, 극 중 감정이 어떻게 설계되고 배치되었는가의 층위에서 이해되어야 할 것이다.

따라서 〈오징어 게임〉은 얼핏 신자유주의적 생존 서사처럼 보이지만, 실은 관계의 윤리를 질문한다. 누가 나를 배신했는가보다, 내가 누구를 믿었는가를 기억하게 만든다. '시즌 3'에서 기훈이 아기를 살리기 위해 자신을 희생하고, 금자가 준희를 지키기 위해 아들을 포기하는 것처럼 말이다. 이는 관계의 실패가 공동체의 해체라는 거시적 담론으로 귀결되지 않고, '개별적 후회'로 남도록 감정 수용의 구조가 짜여 있음을 보여준다.

시즌 1에서 상우와 기훈의 마지막 대결도 그렇다. 이 장면은 배신과 분노, 도덕과 생존이 충돌하는 감정의 절정이다. 그러나 결국 기훈은 그를 죽이지 않고 항복을 선언함으로써 감정의 파국을 피하려 한다. 이때 〈오징어 게임〉은 공동체 윤리의 회복이 아닌 개인의 감정적 선택으로 이야기를 마무리한다. 구조의 승리를 말하지 않고 감정의 파고를 선택하며 시청자 개개인의 내면을 건드리는 것이다.

특이한 점은 〈오징어 게임〉이 대사보다 '장면의 배치'로 감정을 말하는 방식이 두드러진다는 것이다. 지영이 죽기 전 새벽(시즌 1)에게 "넌 살아야 해"라고 말하고 자신의 목숨을 던지는 장면은 언어적 설득이 아니라 시선과 표정, 긴 침묵과 비장한 제스처를 통해 감정을 구축하는 장면의 대표적 예다. 슬픔이나 배신의 과정을 직접적으로 설명하지 않는 것이다.

또한, 이러한 장면들은 대부분 소위 '액션'이 중단된 순간에 등장한다. 게임의 고조된 텐션이 잠시 멈추는 사이에 삽입된 이러한 쇼트들은 서사의 리듬을 깨지 않으면서도 작품에 대한 감정적 몰입을 강화한다. 이때 시청자가 공감하는 정서는 파국의 전조로써 등장하고, 그 찰나의 몰입이 파국의 질량을 결정짓는다.

이러한 방식은 할리우드 액션 장르나 일본 애니메이션과는 다른 한국 드라마 특유의 감정 설계 방식과도 맞닿아 있다. 정서를 극화하기보다는 침묵과 시선, 간접적 배치로 한국적 정서를 확산시키는 것이다. 이것이 바로 '한국적 감정의 문법'이다.

마음이 움직이는 서사

〈오징어 게임〉은 생존 게임의 스릴에만 의존하지 않는다. 이 작품은 관객의 감정을 '디자인'하고 '조작'하며 특정 감정 궤도를 따라 움직이게 만드는 구조를 택한다. 서사의 중심축은 '절박함'

이다. 이 절박함은 캐릭터의 감정 상태일 뿐 아니라, 관객이 공유하게 되는 정서이기도 하다.

첫 번째로, 플레이어들의 경제적 빈곤과 사회적 주변성이 서사의 시작점에서 제시된다. 기훈을 비롯한 주요 인물들은 채무와 실직, 이민자 차별, 성착취, 가족 해체 등의 문제를 안고 있으며, 이들은 더 이상 뒤로 물러설 곳이 없는 절박한 상태로 게임에 진입한다. 이 설정은 관객에게 '내가 저 상황이라면?'이라는 가정법적 감정이입을 유도한다. 이러한 동일시의 순간은 관객 스스로도 생존을 위해 도덕적 기준을 흔들 수 있는 존재임을 직면하게 만든다.

두 번째로, '게임의 규칙'은 잔혹함보다 공정함을 전면에 내세운다. 〈오징어 게임〉은 흔한 살육 쇼를 표방하는 드라마가 아니라, '공정한 룰' 아래에서 벌어지는 경쟁이라는 외양을 갖춘다. 이 외피는 관객으로 하여금 '게임이 납득 가능하다'고 느끼게 만든다. 도덕적 딜레마에 직면한 인물들이 선택을 강요당할 때, 관객은 그 선택을 이해하고, 심지어 정당화하기 시작한다. 이때 감정이입은 도덕적 연민이 아닌 '논리적 정당성'을 동반한 동조의 감정으로 바뀐다.

세 번째로, 〈오징어 게임〉은 의도적으로 감정의 클라이맥스를 설계한다. 구슬치기 에피소드에서 이른바 '감정 폭발 장치'가 작동하는데, 절친한 동료였던 인물들이 서로를 배신해야만 살아남는 게임의 구조는 납득할 만한 죽음이 아니라, 붕괴에 가까운 감정의 진폭을 불러오는 죽음의 순간을 관객 앞에 내놓는다. 관객은 '그럴 수밖에 없었어'라는 이해와 '그래도 너무했다'는 비판 사이에서 갈등하게 된다. 이 모순적인 감정의 동시 발생은 관객으로 하여금 캐릭터에 대한 복합적 감정을 느끼게 하며, 서사에 더욱 깊이 몰입하게 만든다.

이러한 메커니즘은 단순히 인물의 마음이 움직이는 것이 아니라, 관객의 감정도 시뮬레이션 되며 서사와 동조하는 구조로 기능한다. 따라서 〈오징어 게임〉은 '감정 서사'를 구조화하고 있으며, 이 구조는 동정, 분노, 슬픔, 죄책감, 정당화, 희망 등 감정 일련의 벡터를 설계된 궤도 안에서 차례로 배치하고 작동시킨다. 결국 이 작품은 관객의 감정을 순차적으로 동원함으로써 서사의 전개에 따라 감정이 움직이는 것이 아니라 정서가 서사를 이끄는 역전 구조를 만들어낸다.

우리는 '심리적' 깐부

〈오징어 게임〉의 극적 서사는 생존 게임이라는 장르 구조를 따르지만, 그 중심에는 감정적으로 작동하는 관계망이 존재한다. 이 드라마는 생존과 배신, 이기심과 연대의 선택지 앞에서 캐릭터들이 보여주는 심리적 반응과 정서 변화를 정교하게 설계함으로써 보편적 경쟁 구도를 넘어선 복합적인 인물 서사를 구축한다.

특히 〈오징어 게임〉은 인물 간의 서사적 짝짓기를 통해 감정선의 움직임을 만들어낸다. 시즌 1 첫 회부터 강조되는 '1번 참가자' 오일남(001번)과 주인공 성기훈(456번) 간의 우정은 그 대표적인 예다. 얼핏 보기에는 노인과 주인공의 일시적 동행처럼 보이지만, 전체 서사 내내 이 관계는 이야기에 출렁임을 만들어내는 정서적 중심축 역할을 한다. 후반부에 밝혀지는 '오일남의 정체'는 일반적 반전 장치가 아니라, 몰입의 방향을 뒤집는 일종의 서사적 충격이다. 감정의 동조와 배신, 연민과 분노가 한데 얽혀 있으며, 이는 생존 게임이라는 장르 문법이 자칫 기계적으로 보일 수 있는 위험성을 감정 설계를 통해 극복한 사례로 볼 수 있다.

이러한 심리 서사의 설계는 6화 '깐부' 에피소드에서 절정에 이른다. 알리와 상우, 지영과 새벽의 관계는 각각 다른 감정 장르의 리듬을 따라 흘러간다. 상우는 알리를 배신하고, 지영은 새벽을 위해 자신을 희생한다. 이들은 모두 생존 게임이라는 공동의 규칙 안에 있지만, 심리의 작동 방식은 다르다. 상우는 의도적 배신을 통해 이성적 선택을 극대화하고, 지영은 감정적 유대와 자기희생을 통해 공동체적 감정을 극대화한다. 두 장면을 병렬적으로 배치한 것은 감정의 윤리적 경계를 묻는 드라마의 태도이자, 관객의 감정 개입을 유도하는 미학적 전략이다.

이와 같은 심리 설계는 단지 인물에 대한 몰입을 넘어 관객이 자신의 삶을 대입하게 만든다. 경쟁과 연대, 이기심과 죄책감,

주체성과 수동성 사이에 놓인 감정의 복합성은 관객 스스로 도덕적 기준과 사회적 감각을 점검하게 한다. 이것이 〈오징어 게임〉이 전 세계적으로 감정적 공명을 얻은 이유이며, 글로벌 팬덤 형성의 심리적 기반이 된다고 할 수 있다.

결국 〈오징어 게임〉은 감정이 작동하는 방식 자체를 로컬 문화라는 소재를 통해 정교하게 설계함으로써 장르적 구조와 한국 문화에 대한 감정적 몰입이라는 두 층위 모두에서 완성도를 높인 작품이다. 이는 '플롯 중심의 서사'와 '감정 중심의 서사'가 어떻게 조율될 수 있는지를 보여주는 하나의 사례이며, 감정이 단지 서사에 부가되는 것이 아니라 그것 자체가 서사의 중심이 되어 문화 매개가 될 수 있음을 보여준다.

팬들이 다시 쓴 이야기—밈, 챌린지, 공감 서사의 전유

〈오징어 게임〉 방영 이후 틱톡과 유튜브를 중심으로 '달고나 챌린지(Dalgona Challenge)'가 급속히 유행했다. 한국의 옛 놀이 문화에서 기원한 '설탕 뽑기'가 글로벌 플랫폼상에서 다시 태어난 것이다. 이 장면은 알고리즘에 의해 반복·재생산되며 밈(meme)으로 확산되었다. 이 밈의 폭발적 유통은 로컬 기호가 보편적 놀이로 번역될 수 있음을 보여준다. 특히 해당 챌린지는 드라마 장면의 재현에서 그치지 않고 팬이 직접 달고나를 만드는 수행에 참여하면서 드라마(텍스트)의 일부가 되는 방식으로 기능했다. 달고나 챌린지가 시청자가 아닌 '참여자'로서의 관객을 호출한 것이다. 이는 플랫폼 시대 팬덤의 기본 수행 구조를 드러낸다.

이렇게 확산된 〈오징어 게임〉의 세계관은 흥미롭게도 단지 드라마로 끝나지 않았다. 〈오징어 게임: 더 챌린지〉(넷플릭스, 2023)라는 서바이벌 리얼리티 예능 프로그램이 공개된 것이다. 상금 456만 달러(당시 환율 기준 약 60억 6천만 원)를 두고 456명이 실제로 경쟁하는 넷플릭스 오리지널 쇼가 한국이 아닌 영국에서 10부작으로 제작·편성되었다. 참가자 조건은 미국·영국 및 기타 지역의 만 21세 이상 영어 구사 가능자였다. 이는 원작의 게임 규칙을 실제 참가자들에게 적용한 형식으로, 드라마 속 인증된 규칙과 장치가 현실로 이어졌다는 점에서 의미가 크다.

참여자뿐만 아니라 팬들 또한 드라마 속 규칙을 실제로 재현하고, 참가자의 움직임과 전략을 지켜보며 이야기를 다시 해석했다. 물론 참가자들이 모두 원작 드라마를 시청한 상태에서 참여했기 때문에 대부분의 룰을 알고 있었다는 점을 고려해, 일부 규칙은 추가되거나 변형되었다. 그러나 K-콘텐츠, 특히 한국 드라마 속 특정 장면이 실제로 세계인을 대상으로 한 게임 무대로 확장되었다는 사실은, 콘텐츠가 팬의 참여와 경계를 가로지르며 이어지는 하나의 문화적 실천이 되었음을 보여주는 명백한 사례다.

원작의 놀이와 규칙, 표식이 스크린을 넘어 현실 공간에 재배치되고, 다시 팬과 시청자에게 피드백되며 의미가 재생산된 것이다. 실제로 〈더 챌린지〉 프로그램이 공개된 이후에는 원작 드라마의 장면이 다시 회자되고, 챌린지의 참가 방식과 규칙이 팬 콘텐츠에 영향을 미쳤다. 따라서 〈더 챌린지〉는 원작과 파생, 팬 활동과 플랫폼을 잇는 환류의 고리로 기능한 작품이라 할 수 있다.

〈오징어 게임〉 팬 수행의 또 다른 특징은 이들의 행위가 플랫폼에 의해 수집되고 상품화된다는 점이다. 틱톡과 유튜브에서 팬들이 수행한 감정적 행위는 텍스트의 감동을 재연하거나 패러디하는 데 그치지 않고, 곧바로 '좋아요' '댓글' '시청 시간' 등의 데이터로 변환된다. 이는 콘텐츠의 감정이 수용자의 감정 수행으로, 다시 플랫폼의 데이터로 환원되는 정서-데이터 순환 시스템을 가리킨다. 이러한 과정은 감시자본주의(surveillance capitalism) 체계의 핵심이다.

〈오징어 게임〉은 서사 속에서 감시와 통제를 주제로 삼았지만, 역설적으로 시청자 또한 플랫폼의 감시 아래에 놓인 채 콘텐츠를 향유하고 있다는 사실은 많은 이들에게 인식되지 못한다. 이중의 감시는 시청자와 팬의 감정을 추동하고 수치화하며, 알고리즘을 통해 유통되는 정서적 정보의 규모를 확장시킨다.

이로써 감정은 개인적 체험이 아니라 수집·계산·유통되는 디지털 자본의 일부로 작동하게 되며, 수행되는 동시에 상품화된다. 〈오징어 게임〉은 그 내러티브 자체로 감시 사회를 비판하지만, 그 수용 과정 또한 또 다른 감시의 메커니즘을 작동시킨다는 점에서 이중적이기도 하다.

세계는 왜 한국의 이야기에 반응했는가

넷플릭스 오리지널 시리즈 〈오징어 게임〉은 팬데믹 이후 전 지구적 감각과 불안을 공유하는 문화적 사건이었다. 우리는 이 콘텐츠가 가진 미학적 힘과 사회적 상상력, 이를 둘러싼 팬 문화와 알고리즘의 작동 방식을 살펴보며, 한국 콘텐츠가 세계에서 '읽히는' 방식이 단지 서사의 독창성이나 연출의 세련됨에만 있지 않다는 사실을 확인했다.

〈오징어 게임〉은 한국적 정서, 놀이, 채무와 계급의 문제 같은 구체적인 지역성을 담고 있지만, 그것이 단지 로컬에 머무르지 않고 보편성으로 이행될 수 있었던 이유는 글로벌 팬들이 자신들의 언어와 정서로 이 이야기를 '재서사화'했기 때문이다. 달고나 챌린지를 따라 하는 손끝의 움직임, '무궁화꽃이 피었습니다'를 다시 게임화하는 '재맥락'적 참여정신이 서사를 감정적으로 다시 쓰고, 현실과 연결시키는 문화적 수행이었다.

모든 반응이 플랫폼 위에서 '데이터'로 환원되는 오늘날, 팬들의 적극적인 작품에 대한 참여와 팬 행위 수행은 개별적 반응으로 그치는 것이 아니라 알고리즘을 통과하며 다시 서사를 구성하는 하나의 힘이 된다. 다시 말해, 한국 콘텐츠의 글로벌성은 '읽히는 이야기'가 아니라 '다시 쓰이는 이야기'였다는 데 그 가능성이 있다. 이러한 팬 문화는 감시자본주의와 알고리즘 경제 안에서 움직이지만, 때로는 그 안에서 멈춤, 전유, 저항의 의미도 함께 만들어낸다.

그렇다면 이 모든 흐름 속에서 우리가 〈오징어 게임〉을 다시 바라봐야 하는 이유는 무엇일까. 그것은 단지 '성공한 K-콘텐츠'이기 때문이 아니라, 오늘날 전 지구적 문화와 감정의 흐름 속에서 한국이라는 로컬이 어떤 방식으로 발화되고 해석되는지를 보여주는 하나의 사례이기 때문이다. 〈오징어 게임〉의 세계적 성공은 '읽히는 이야기'에서 '다시 쓰이는 이야기'로의 전환을 보여준다. 한국의 로컬 정서는 글로벌 팬들의 수행을 통해 재맥락화되며, 공감의 서사로 다시 태어난다.

말하자면 〈오징어 게임〉은 우리가 사는 시대의 새로운 이야기 방식을 드러낸다. 이야기의 완결은 더 이상 작가의 손에 있지 않고, 팬들의 손에 있다. 팬들은 챌린지와 밈을 통해 서사를 다시 쓰며, 플랫폼은 그 흔적을 데이터로 수집해 또 다른 이야기의 형태로 되돌려준다. 〈오징어 게임〉은 이처럼 서사, 감정, 데이터가 순환하는 새로운 감각의 생태계를 만들어냈다. 〈오징어 게임〉의 성공은 한국 콘텐츠가 세계 시장에 진입한 사건이 아니라, 세계가 한국의 정서를 매개로 자신을 비춰본 사건이었다.

PART 2

〈오징어 게임〉의 초국가적 문화 감성과 상업적 모순

문화 비판적 독해

라탄 쿠마 로이*

〈오징어 게임〉은 2021년에서 2025년 사이, 팬데믹과 불안정성, 양극화, 그리고 아시아를 비롯한 전 세계적 시위가 뒤얽힌 복잡한 시대 상황의 산물이다. 해당 시리즈는 넷플릭스 오리지널 시리즈 중 제일 인기 있는 비영어권 작품이며 2025년에 '시즌 3'으로 완결되었다.

시청률과 유행의 측면에서 보면, '시즌 1'에 비해 '시즌 3'의 인기는 뚜렷한 하락세를 보인다. 포브스가 발표한 90일간의 시청률 변화를 보면, '시즌 1'은 2억 6,500만 조회 수(누적 시청 시간 22억 시간), '시즌 2'는 1억 9,200만 조회 수(13억 8,000만 시간), '시즌 3'은 1억 3,000만 조회수(7억 9,700만 시간)를 기록했다(Tassi, 2025). 이를 통해 '시즌 3'의 시청률이 '시즌 1'의 절반에도 미치지 못

* Ratan Kumar Roy, 뉴델리 남아시아대학교 사회학과 조교수 & SIMEC 연구센터 센터장.

했음을 알 수 있다. 이러한 하락 추세는 에미상 후보 지명 결과에서도 드러난다. 〈오징어 게임〉 '시즌 1'은 2022년 에미상에서 14개 부문 후보에 올라서 6개 부문을 수상했으나(Puckett-Pope, 2025), '시즌 2'는 2025년 에미상에서 단 한 부문에도 이름을 올리지 못했다. 인기는 하락했지만, 작품의 문화적 상징성과 관객의 비판적 참여는 꾸준히 지속되었다. 또한 상업적 매출과 프랜차이즈 수익화 전망은 여전히 안정적인 수준을 유지하고 있다. 다만 시청자들이 작품에 주의를 기울이는 방식이 변하면서, 이전 시즌에서 나타났던 깊은 집중과 감정적 몰입은 한층 약화된 것으로 보인다.

이 글에서는 정서적 몰입과 주의의 질이 하락한 원인을 비평적 문화연구의 관점에서 규명하고, 동시에 변화하는 시대 속 초국가적 문화 흐름의 향방을 조망한다. 연구는 비평 문화연구와 초국가적 커뮤니케이션 이론(Appadurai, 1996; Iwabuchi, 2002)을 이론적 틀로 삼아, 〈오징어 게임〉의 세 시즌을 비교·분석한다. 나아가 관객의 기대와 정서적 공명(affective resonance), 비서구 서사가 세계 엔터테인먼트 경제를 재편하는 '글로벌 미디어 역류(contraflow)'의 맥락에서 이 드라마가 수행하는 문화적 역할을 탐구한다.

〈오징어 게임〉 시즌별 비교·평가

〈오징어 게임〉의 세 시즌은 후기 자본주의 아래에서 드러나는 구조적 불평등, 인간의 도덕성, 인간 고통의 상품화에 대한 비판을 점진적으로 심화시킨다.

'시즌 1'은 빈곤과 부채에 시달리는 인물들이 잔혹한 생존 게임에 참여하도록 유혹받는 서사를 통해 중심 구도를 확립한다. 어린 시절의 골목놀이는 참가자들의 목숨을 앗아가는 장치로 변형되며, 익숙한 놀이의 향수가 곧 폭력의 무대로 전환된다. 마지막 화에서 주인공 기훈은 승리하지만, 유일한 생존자로 남은 그는 깊은 죄책감과 환멸 속에 빠진다.

'시즌 2'는 서사의 도덕적 층위와 심리적 깊이를 더하며 이야기를 확장한다. 진행 요원, 영업 사원, 정체가 베일에 싸인 '프론트맨'의 역할을 조명하며, 게임을 지속시키는 제도적 메커니즘을 탐구한다. 동시에 정의와 생존 사이에서 기훈이 겪는 도덕적 갈등이 부각된다. 가난한 자들의 고통을 오락으로 소비하는 글로벌 엘리트의 존재가 드러나면서, '공모'와 '관객성'이라는 주제가 전면에 부상한다. 감독이 창작상의 이유로 마지막 이야기를 두 시즌으로 나누었다고 설명했음에도, '시즌 2'는 극적 긴장이 최고조에 이른 시점에서 마무리되어 많은 팬에게 아쉬움을 남겼다(Sharma, 2025).

'시즌 3'은 전 시즌의 갈등을 초국가적 차원으로 확장하며, 기훈의 정의 추구를 국경을 초월한 세계 자본주의 체제 속에 위치시킨다. 서사는 '생존'에서 '저항'으로 이동하고, 인간의 절망과 불평등 위에 구축된 거대한 권력의 작동 방식에 맞서 도덕적 온전함이나 집단적 저항이 과연 의미 있는 대항이 될 수 있는지를 묻는다. '시즌 3'의 결말 이후 관객 반응은 엇갈렸다. 일부는 결말이 지나치게 암울하고 카타르시스가 부족하다고 비판했지만, 다른 이들은 그것이야말로 지속되는 불평등에 대한 냉혹한 사회적 논평으로서, 시리즈 전체의 주제를 정점에서 완결시켰다고 평가했다(Arjan, 2025).

'시즌 1'은 2021년 코로나19 팬데믹 시기에 공개되었다. 당시 전 세계 시청자들은 외출이 제한되고 경제적으로 불안하며 정서적으로 취약한 상태에 놓여 있었고, 이러한 사회적 분위기는 〈오징어 게임〉의 파급력을 한층 증폭시켰다. 작품 속 게임들은 모두 문화적으로 부호화되어 있으며, 한국인의 어린 시절 놀이를 떠올리게 할 뿐 아니라 본질적으로 아시아적 정서를 지닌다(Jena et al., 2023). 도덕과 생존 사이에서 인간을 흔들리게 만드는 체계적 잔혹성, 친밀함과 배신, 그리고 불안정성은 드라마에 극도의 현실감을 부여했다. 팬데믹의 경험을 공유하던 전 세계 시청자들은 이 작품을 통해 자신의 불안과 고립, 생존의 감각을 투사하며 더욱 강한 정서적 울림을 느꼈다.

'시즌 2'는 팬덤의 높은 기대 속에서 2024년 말에 공개되었다. 서사는 기존의 불안정성에서 벗어나 불평등과 보다 개인주의적인 복수의 서사로 이동한다. '시즌 1'에서 강하게 드러났던 한국적 정서와 문화적 맥락은 후속 시즌들에서는 상당 부분 희미해졌다. 대신 '시즌 2'와 '시즌 3'은 교차적 관점을 포함한 세계화된 미학으로 기울며, 보다 보편적인 정체성과 갈등의 문제를 다룬다. 특히 '시즌 3'에서는 LGBTQ 캐릭터, 부부의 별거, 일관성 없는 부모의 사랑, 새로운 형태의 불안정성이 서사를 주도한다.

어머니, 딸, 태아, 별거 중인 부부처럼 반복적으로 등장하는 혈연의 서사는 시리즈 전반의 핵심 주제로 자리 잡았다. 임신한 여성의 절박함, 딸의 암 치료를 위해 자신을 희생하는 화가, 탈북민이 도덕적 선택의 의미를 자각하는 장면들은 '감정'을 〈오징어 게임〉 시리즈의 주요 연결 고리로 다시 부각시킨다. 이러한 연출은 서사의 정서적 깊이를 강화함과 동시에, 글로벌 미디어 트렌드로서 '공감의 상품화(commodification of empathy)'를 반영한다.

'시즌 1'은 한국적 풍자의 미학을 바탕으로 상징적 울림을 획득했다. 골목놀이의 단순함과 도덕적 상징성은 자본주의 근대성 속 구조적 폭력의 은유로 읽힌다. 한국 사회의 계층 구조, 부채 문화, 공동의 기억과 같은 지역 내재성(local embeddedness)을 토대로 한 서사는 뚜렷한 문화적 정체성을 형성했다. 그러나 후속 시즌들이 세계화된 서식에 적응해 가면서 게임은 점차 시각적 볼거리에 중심을 두게 되었고, 정서적 친밀감은 다소 약화되었다. 이는 문화적 탈영토화(cultural deterritorialization)의 과정을 반영한다(Appadurai, 1996).

초기의 작품이 지역적 불평등을 비판하는 사회적 우화로 기능했다면, 이후 시리즈는 초국가적 대중의 관심을 겨냥한 오락 프로그램으로 전환되었다. 이러한 변모는 글로벌 스트리밍 산업이 지닌 상업적 논리를 반영한다. 〈오징어 게임〉이 우화적 친밀감에서 초국가적 스펙터클로 이행하는 과정은 정치적 비판이 상품의 형식으로 포섭되는 현상을 보여준다. 이는 디지털 자본주의 시대에 문화적 특수성과 세계적 소비 사이의 긴장 관계를 드러내는 상징적 사례라 할 수 있다.

관객의 기대와 연속성에 대한 역설

〈오징어 게임〉의 서사는 위기가 해결되는 속도보다 훨씬 더 빠르게 생성되는 신자유주의적 사회·정치 현실, 다시 말해 '게임은 결코 끝나지 않는다'는 세계의 구조를 반영한다. 관객의 기대는 종결과 함께 정의의 실현이나 구원을 바라보는 전통적 서사 인식에 기반한다. 그러나 이러한 기대는 〈오징어 게임〉을 정신분석학적 연극이 아닌 스릴러로 읽으려는 시각에서 비롯된 것이다. 이 작품은 서구의 스릴러 장르나 일반적인 서바이벌 게임 서사와는 결을 달리하며, 오히려 신자유주의적 사회경제 체제와 후기 자본주의의 병폐(malaise), 그로 인해 발생하는 정신분석학적 분열(psychic fragmentation)을 진단한다.

〈오징어 게임〉은 스릴러, 서바이벌 드라마, 혹은 신자유주의적 불평등에 대한 비판으로 널리 소비되었다. 그러나 이 작품의 지속적인 중요성은 연속극 형식의 집단적 정신분석이라는 구조에 있다. 모든 시즌에 걸쳐 이 시리즈는 해방의 지침서라기보다, 욕망과 반복, 그리고 폭력을 끊임없이 재현하는 집단적 무의식의 거울로 작동한다. 이러한 의미에서 〈오징어 게임〉은 집단적 병리를 해결하기보다는 그 증상을 드러내고 진단하는 임상적 장면으로 기능한다.

이 시리즈는 사회적 불평등이나 권위주의에 대한 해법을 제시하는 처방적 비평(prescriptive critique)으로 읽혀서는 안 된다. 오히려 시즌 전체를 관통하는 것은 해결되지 않은 현실의 불편한 진실들을 반복적으로 드러내는 서사적 구조이며, 이러한 반복은 정신분석학적 비판의 관점에서 해석될 수 있다.

초국가적 문화 흐름과 세계적 모순

〈오징어 게임〉은 비서구권의 문화 생산물이 서구 중심부로 이동하는 글로벌 미디어 역류(contraflow)의 변화를 상징한다(Thussu, 2007). 미디어 세계화의 역사적 흐름은 할리우드에서 비롯되어 서구의 가치, 심미적 규범, 그리고 산업 모델을 전 세계에 각

인시켜왔다. 〈오징어 게임〉은 이 관계를 역전시키며, 서사적 권위를 재구성하는 문화적 전복(cultural disruption)을 실현했다.

특히 넷플릭스와 같은 서구 소유의 글로벌 플랫폼에서 거둔 인기는, 주변부 문화산업이 초국가적 기반 시설을 활용해 고유한 문화적 각인을 유지하면서도 세계적 인지도를 확보할 수 있음을 보여준다. 이러한 성공은 관객들이 각자의 정서와 문화적 틀을 바탕으로 작품을 해석하는 트랜스컬처리즘(transculturalism)의 확산을 촉발했다(Iwabuchi, 2002; Chua & Iwabuchi, 2008).

이러한 성공은 동시에 모순을 내포한다. 미국에 설립된 〈오징어 게임〉 스튜디오, 다양한 굿즈, 넷플릭스의 게임쇼 스핀오프는 작품의 비평성이 점차 상품성으로 전환되었음을 보여준다. 자본주의의 잔혹함을 고발하던 서사는 이제 자본주의 체제의 일부로 흡수되어, 높은 상품성을 지닌 글로벌 브랜드로 자리 잡았다. 그 결과 시리즈의 도덕적 긴장은 상업적 구경거리로 희석되었고, 초기의 심미성은 윤리적 성찰보다는 소비 욕망을 자극하는 장치로 기능하게 되었다. 이러한 변화는 일부 기존 팬들에게 거리감과 실망을 불러일으켰다.

이러한 전환을 단순히 문화적 전유나 서구의 지배로만 해석하기는 어렵다. 이른바 '서구화'로 보이는 현상은 동시에 새로운 역류(contraflow)의 형태이기도 하다. 즉, 비영어권 미디어 텍스트가 서구 엔터테인먼트의 논리와 형식을 재구성하는 과정이다. 추아 및 이와부치(Iwabuchi, 2002; Chua & Iwabuchi, 2008)가 지적하듯, 초국가적 문화 교류는 결코 일방적이지 않다. 오히려 이러한 교류는 전 세계 관객들 사이에서 혼종화(hybridization), 협상(negotiation), 의미의 재기호화(re-signification of meanings)를 촉발한다.

이러한 관점에서 볼 때 〈오징어 게임〉은 세계화의 희생양이자 주체로 기능한다. 작품은 자본주의적 흡수의 징후이면서 동시에, 세계 대중문화의 형성 과정에서 한국 미디어의 주체성이 증대되고 있음을 보여주는 증거이기도 하다. 〈오징어 게임〉 현상에서 얻을 수 있는 통찰은 초국가적 문화 흐름이 그 내부의 논리와 세계화에 대한 비판적 시선을 유지하는 데 중요한 시사점을 제공한다.

생존을 위한 글로벌 게임

비평적·문화적 관점에서 볼 때 〈오징어 게임〉은 문화적 비판이자 동시에 세계적 상품으로서, 정서적 진정성과 자본주의적 전유 사이를 진동한다. '시즌 1'의 팬데믹 공명은 전 지구적 취약성의 공유된 경험을 바탕으로 형성되었다. '시즌 2'는 서사의 확장 과정에서 구조적 불안정성을 드러냈으며, 이는 확장을 서두르는 미디어 자본주의의 조급함을 반영한다. '시즌 3'은 감정을 다시 전면으로 불러오되, 젠더·섹슈얼리티·가족·도덕적 피로감 등 변화하는 사회 현실을 다루기 위해 감정의 스펙트럼을 확장했다.

궁극적으로 〈오징어 게임〉은 끝없는 인간의 생존, 욕망, 그리고 소외를 극화한다. 이는 단지 한국 사회의 단면을 묘사하는 데 그치지 않고, 세계적 불안정성 속에서 우리가 공유하는 집단적 조건을 드러낸다. 그 초국가적 도달 범위(transcultural reach)는 문화 세계화가 지닌 가능성과 위기를 동시에 보여준다. 비서구권 서사가 세계인의 상상력을 변혁할 수 있는 잠재력과, 동시에 모든 비판이 일단 세계화되는 순간 또 다른 형태의 오락으로 흡수될 위험을 함께 드러내는 것이다.

〈오징어 게임〉이 유행시킨 것들*

〈오징어 게임〉 시리즈가 공개될 때마다 사회관계망서비스(SNS)에는 작품 속에 등장한 여러 놀이를 따라 하는 영상이 연이어 올라왔다. 유튜브 등에서 달고나 만드는 방법이 공유됐고, 이베이에서 5천 원 이하인 공기놀이 세트가 평균 13달러(약 1만9천 원)에 팔렸다. 한국 소주도 시장 규모가 커지고 있다.

〈오징어 게임〉 관련 단어

분야	종류
놀이	공기놀이, 제기차기, 팽이치기, 비석치기, 오징어 게임 등
음식	소주, 달고나 등

아시아경제(2025. 1. 13)

하이트진로는 테라와 참이슬에 〈오징어 게임〉 캐릭터 라벨을 입힌 한정을 내놨고, 신세계백화점은 전국 주요 점포에서 〈오징어 게임〉 팝업스토어를 운영했다. GS25 역시 넷플릭스 공식 파트너사로 시즌 3 캐릭터를 활용한 전용 상품을 선보였다. 가장 먼저 출시된 '영희철수 렌티큘러 T머니 교통카드'를 시작으로 작품 속 단체 줄넘기를 재해석한 '줄넘기 젤리', 오징어 게임 대표 간식인 달고나를 활용한 '달고나 쫀득쿠키'까지 MZ세대와 팬층을 겨냥한 아이템을 출시하기도 했다.

* 민영빈, 〈'오징어 게임'이 다시 온다… K콘텐츠 열풍에 해외서 유행 이어가는 韓 음식·문화〉, 《조선 비즈》, 2025. 06. 27. 윤남웅, 〈하이트진로·GS25·신세계百…'오징어 게임 시즌 3'으로 마케팅 총공세〉, 《중앙이코노미뉴스》, 2025. 06. 30.

[lyrics]

I was a ghost, I was alone, hah
어두워진, hah, 앞길 속에 (Ah)
Given the throne, I didn't know how to believe
I was the queen that I'm meant to be
I lived two lives, tried to play both sides
But I couldn't find my own place
Called a problem child 'cause I got too wild
But now that's how I'm getting paid, 끝없이 on stage
I'm done hidin', now I'm shinin' like I'm born to be
We dreamin' hard, we came so far, now I believe
We're goin' up, up, up, it's our moment
You know together we're glowing
Gonna be, gonna be golden
Oh, up, up, up with our voices
영원히 깨질 수 없는
(하략)

PART 1

K의 로컬리티와 K-팝의 특성을 넘은 온전한 '메시지'

김세익

PART 2

개인의 상처에서 공동체의 울림으로

다시 만들어진 현대의 무가 / 주수영

[K-팝]

골든(Golden)

영화 〈케이팝 데몬 헌터스〉의 OST 가운데 한 곡이다. 영화의 대흥행에 힘입어 영화 속 아이돌 헌트릭스와 사자보이즈의 팬들이 대거 양산되었다. OST의 곡 가운데 Golden, Soda Pop, Your Idol 등의 멤버별 직캠이나 챌린지 영상들을 올렸고, K-팝 아이돌들도 안무 챌린지 영상을 직접 찍고 Golden 커버에 도전하는 등 여러 새로운 현상을 만들었다. 특히 골든(Golden)은 장기간 빌보드 차트 1위를 기록했고, 넷플릭스는 이 곡을 2026년 아카데미 시상식 주제가상 후보에 올린다고 공식 발표했다.

- 아티스트 : HUNTR/X, EJAE, AUDREY NUNA, REI AMI
- 앨범 : 〈KPop Demon Hunters(Soundtrack from the Netflix Film)〉
- 발매일 : 2025년 6월 20일
- 발매사 : 유니버설뮤직

PART 1

K의 로컬리티와 K-팝의 특성을 넘은 온전한 '메시지'

김세익*

넷플릭스 오리지널 애니메이션 영화 〈케이팝 데몬 헌터스〉(2025)의 OST인 '골든(Golden)'은 매우 독특한 의미적 지형을 갖는 곡이다. 2025년 7월 2일에 빌보드 핫 100 차트에 처음 진입한 이후로 7월 5일 미국 스포티파이 차트 2위, 7월 16일 빌보드 글로벌 차트 1위, 8월 12일 빌보드 핫 100 차트 1위, 10월 11일 빌보드 핫 100 차트 8주 연속 1위·글로벌 200 차트 12주 연속 1위에 입성하며 글로벌 문화소비자들의 사랑을 받고 있다. 하지만 이 곡은 문화산업 시장이라는 맥락 구조 속에서 살펴볼 때 단순히 독립적으로 존재하는 'K-팝 뮤직 콘텐츠'라고 할 수 없다. '골든'은 아주 분명하게도, 〈케이팝 데몬 헌터스〉의 IP에서 비롯된 미디어 프랜차이즈 콘텐츠이기 때문이다. 그리고 나아

* 경희대학교 K-컬처·스토리콘텐츠연구소 학술연구교수.

가 '골든'은 넷플릭스 영화 부문 시청 수 역대 1위를 차지한 애니메이션 영화 〈케이팝 데몬 헌터스〉 그 자체를 상징하고 있는 곡이기도 하다.

그래서, '골든'의 성취를 문화산업적 맥락 안에서 적확하게 이해하고 돌아보기 위해서는 먼저 그 존재 기반을 형성하고 있는 애니메이션 영화 〈케이팝 데몬 헌터스〉에 대해 살펴보지 않을 수 없다.

뮤지컬 영화: 장르 컨벤션의 형성과 특성

거대한 상업적 성취를 이끌어내는 영화들은 종종 매우 정석적인 작법 속에서 탄생되곤 한다. 한 시대를 풍미한 MCU(마블 시네마틱 유니버스의 약자) 세계관을 탄생시킨 〈아이언맨〉(2008)도 그랬지만, 이런 류의 영화는 대부분 구조주의적 이론 틀을 아예 기반으로 삼아 만들었나 싶을 정도로 해당 장르의 규범화된 스토리텔링 구조를 충실히 인용하는 모습을 보여준다.

〈케이팝 데몬 헌터스〉 역시 이러한 '정석적인 작법'을 모범적으로 보여주는 또 하나의 의미 있는 사례다. 이 영화는 마치 한옥의 용마루 위를 딛는 루미의 걸음 마디처럼 뮤지컬 영화의 장르 규범 위를 한 발 한 발 차분히 밟아나간다.

여기서 잠시 뮤지컬 영화에 대해 살펴보자. 뮤지컬 영화는 영화라는 매체가 음악과 처음 만나던 순간 탄생한 장르다. 1920년대, 음향 기술이 발달하면서 영화계에 바야흐로 유성영화가 등장했다. 영화가 소리를 담아내기 시작하면서 음악은 영화의 중요한 표현 수단이 되어갔다. 하지만 음악을 다루는 노하우가 부족했던 당대의 할리우드는 공연계에서 독자적으로 형성하고 발전해 오던 뮤지컬에 관심을 갖게 된다. 그리고 막강한 자본력을 앞세워 뮤지컬 공연의 여러 가지 요소들을 영화 작법으로 빠르게 흡수하면서, 영화에서 뮤지컬이라는 새로운 장르를 개척해 가기 시작했다.

당연하지만 뮤지컬 영화가 처음부터 완성된 모습으로 규범화되었던 것은 아니다. 1928년 개봉한 최초의 유성영화 〈재즈싱어〉는 무대 뒤편에서 벌어지는 백그라운드 뮤지컬의 효시이지만, 뮤지컬 컨벤션(관습)으로써의 춤을 간과하고 있었다. 음악과 춤을 동시에 보여준 본격적인 뮤지컬 영화는 1933년의 〈42번가〉였다. 아예 브로드웨이의 뮤지컬 안무가인 버스비 버클리를 기용해서 본격적인 뮤지컬을 표방하는 영화로 만들며 장르 컨벤션을 구축하기 시작했다. 뮤지컬이 연극 무대의 한계를 벗어나 로케이션을 통해 현실 속의 자연스러운 환경에서 노래하고 춤추는 형식을 최초로 시작한 순간, 즉 백스테이지 뮤지컬의 전형성을 탈피한 최초의 순간은 1944년 〈세인트루이스에서 만나요〉부터였다.

뮤지컬 영화는 이렇게 점차 독자적인 장르로 규범화되어 가면서 나름의 고유한 몇 가지 전형적인 서사적 관습을 갖게 되었다. 첫째, 대체로 주인공은 자신의 정체성과 관련한 '외부의 강요'와 자기 '내부의 욕망' 사이에서 갈등한다. 둘째, 이 '외부의 강요'와 '내부의 욕망'이 대립하는 본격적인 갈등 상황은 극에서 가장 중요한 흐름인 클라이맥스 시퀀스를 형성한다. 셋째, '외부의 강요 대 내부의 욕망'이라는 정체성의 갈등은 종국에 이르러 '내부의 욕망'이 승리하는 구조로 해결되며 대단원에 이른다.

뮤지컬 영화는 영화사적으로 서부극과 더불어 가장 미국적인 장르 중 하나로 손꼽힌다. 일반적으로 영화학자들은 "가장 미국적인 영화로 미국의 역사를 탁월하게 윤색한 서부극을 꼽는다면, 오락으로서의 할리우드 영화 산업이 이룩한 가장 특징적인 장르는 시대 흐름에 부응하면서도 미국의 현대문화 전반을 엔터테인먼트로 가공한 뮤지컬"이라고 말하곤 한다. 하지만 이러한 뮤지컬 영화와 그것이 지닌 특유의 낙천성은 1929년부터 10여 년간 미국 사회를 덮쳤던 대공황과 연결해 해석될 땐 "곤궁한 관객에게 비루한 현실을 잊고 화려한 환영 속에 초청해 고밀도의 당의정을 맛보게 하여 '가짜 보상'을 제공했던 장르"로 해석되기도 한다. 그런데 이러한 역할을 위해서 뮤지컬 영화에서는 노래, 춤, 연기 등의 영역에서 고도의 재능을 보유한 스타의 존재가 반드시 필요하기 때문에, 그 어떤 장르보다도 스타 시스템이 위력을 발휘했던 장르였다고 일컬어지곤 한다.

뮤지컬 영화 장르 컨벤션의 충실한 재현, 〈케이팝 데몬 헌터스〉

자, 이제 뮤지컬 영화로서 〈케이팝 데몬 헌터스〉에 대해 살펴보자. 〈케이팝 데몬 헌터스〉는 글로벌 문화산업 시장에서 새로운 유행으로 등장한 K-팝이라는 소재를 전면에 내세우면서 뮤지컬 영화의 스토리텔링 구조를 매우 영리하게 녹여낸다.

가령 〈케이팝 데몬 헌터스〉는 주동 인물을 헌트릭스라는 세 명의 K-팝 아이돌로 설정한다. K-팝 아이돌에게 무대는 그들의 주요한 삶의 목표와 터전이 되는 실존적 장소이며, 춤과 노래는 그들의 업이다. 그래서 〈케이팝 데몬 헌터스〉에서는 춤과 노래가 무대 위와 아래에서 모두 벌어지면서, 이를 통해 '무대 뮤지컬' 스타일의 연출과 '현실 뮤지컬' 스타일의 연출이 자연스럽게 일원화된다. 게다가 이 세 명의 주동 인물은 모두 데몬-헌터이다. 이 때문에 현실에서는 불가능한 이야기를 표현하는 '뮤지컬 판타지' 성격을 지니면서도, 환상성이 극대화되는 '애니메이션 뮤지컬'의 장점을 서사 진행의 주요 동력으로 활용한다.

더불어, 세 주동 인물인 루미·미라·조이는 모두 자기 정체성과 관련한 '외부의 강요'와 자기 '내부의 욕망' 사이 갈등을 내면화한 캐릭터로 설정된다. 이 가운데 메인 플롯은 단연 루미가 지닌 데몬-인간의 이중 정체성 갈등이지만, 미라와 조이의 정체성 갈등 양상도 소소한 에피소드와 뮤직비디오의 신 구성 등을 통해 서브 플롯화 된다. 그리고 이들의 자기 정체성 갈등은 클라이맥스 시퀀스에서 묘사되는 귀마 및 사자보이즈와의 결전을 통해 '외부의 강요'를 타파하고 '내면의 욕망'을 쟁취하는 방식으로 해소되기에 이른다.

〈케이팝 데몬 헌터스〉를 둘러싼 시의적, 시대적인 맥락 역시 뮤지컬 영화의 장르적 특성을 그대로 받아들인 모양새를 하고 있다. 오늘날 미국 사회의 가장 동시대적인 문화적 풍경은 소위 'PC(Political Correctness)', 즉 '정치적 올바름'이라고 일컬어지는 관념이라고 할 수 있다. 이는 본래 다문화주의를 주창하면서 차별적 편견에 근거한 언어 사용이나 활동에 저항해 그것을 바로잡으려는 운동이자 행동 지향적인 신념을 의미한다. 〈케이팝 데몬 헌터스〉는 이 PC한 관념이라는 시대적 흐름에 부응하면서도 그것을 엔터테인먼트적으로 가공하려 시도한다. 그리고 그 가공의 재료로는 실존하는 문화적 파급 현상인 'K-팝 붐'을 선택하면서, 가르치려는 대신에 보여주고, 깨닫게 하려는 대신에 공감을 시도한다.

결국 권선징악이라는 단순명쾌한 결론을 가진 이 이야기가 내내 풍기는 힙하기 짝이 없는 낙천성은 좀 더 나아가서 해석해 보자면, 'Make America Great Again'이라는 구호가 뭇 미국인들의 심금을 울리는 불안하고 어려운 시기에 '화려하고 매력적인 세계관을 만들어 고밀도의 당의정을 제공하며 초청하는' 역할을 수행하고 있다고 할 수 있다.

여기서 앞서 살펴본 뮤지컬 영화의 특성 하나를 상기할 필요가 있다. 그것은 뮤지컬 영화가 특유의 역할을 수행하려면 '노래, 춤, 연기 등의 영역에서 고도의 재능을 보유한 스타의 존재가 반드시 필요'하다는 점이며, 이로 인해 '그 어떤 장르보다도 스타 시스템이 위력을 발휘하던 장르였다'는 점이다.

주지하듯, 애니메이션은 영화보다도 훨씬 더 인위적인 분야다. 애니메이션이 메시지를 표현하기 위해서는 실존 배우의 연기력이나 예술적 기교와 같은 영화적 기법을 비주얼 이미지로 모방하는 작업이 필요하다. 그래서 K-팝을 전면적 소재로 내놓은 〈케이팝 데몬 헌터스〉는 K-팝 아티스트와의 협업을 통해 뮤지컬 영화의 스타 시스템을 우회적으로 달성한다. 여기서 유의할 점은 〈케이팝 데몬 헌터스〉가 인지도 높은 K-팝 아티스트들에게 전적으로 의존하는 콘텐츠가 아니라는 점이다. 뒤에서도 언급하겠지만 '골든'의 주역인 이재, 오드리 누나, 레이 아미 등이 본격적인 현역 K-팝 아티스트가 아니(었)다라는 점만 보더라도 〈케이팝 데몬 헌터스〉는 K-팝 아티스트가 생산 주체가 되어서 태동한 콘텐츠가 아니라, K-팝을 소재로 만든 전형적인 할리우드식 뮤지컬-애니메이션 영화이다. 그렇게 '만들어진' 헌트릭스와 사자보이즈라는 가상의 K-팝 그룹은 현실의 빌보드를 채워가며 문화소비자들에게 스타 시스템처럼 소비되고 있다.

이처럼 〈케이팝 데몬 헌터스〉는 요소마다 가히 뮤지컬 영화라는 장르에 대한 헌사로 직조되어 있으며, 시장에서도 전형적인 뮤지컬 영화로서 활발히 소비되고 있다.

'골든', 뮤지컬 영화 〈케이팝 데몬 헌터스〉의 음악화된 자아

매체의 장르가 세분화된 현대에는 박스오피스 순위와 빌보드 순위 등이 각각 개별적으로 산정되는 것이 당연한 듯한 풍경이지만, 사실 전통적 관점에서 음악은 고대로부터 이야기를 담는 인류 보편의 매체로 기능해 왔다. 서사시를 비롯한 동서고금의 고대문학이 노랫말의 형식을 띤 것은 우연이 아니다. 기보법이 발달하고 인쇄술이 발명되면서 사람들의 입술 위 노랫말이었던 이야기는 종이 위 기록물이 되며 서서히 분화되기 시작했다. 한편, 1980년대에 MTV가 소개한 뮤직비디오는 '영상 언어와 음악의 만남'을 대중화했다. 이렇게 '대중매체화된 뮤직비디오' 이래 오늘날까지, 현대 문화산업장(場)에서 음악이란 단순히 듣는 것 이상의 경험과 체험을 제공해 주는 다감각 콘텐츠화되었다. 뮤직비디오로 음악을 즐기는 데 익숙해진 문화소비자들은 음악을 내러티브로 이해하는 방식에 익숙해졌고, 이것은 결국 인류가 오랜 세월 간직해 오던 이야기 전달 방식이 디지털적으로 부활한 것과 다르지 않다.

이러한 전사(前史)야 말로, 대중이 '골든'을 들으며 〈케이팝 데몬 헌터스〉의 흥미로운 세계관과 이야기 구조를 직관적으로 연결지어 'OST를 내러티브적으로' 향유하게 만드는 주요한 배경이 된다.

'골든'과 〈케이팝 데몬 헌터스〉는 그간 주류 문화산업 시장에서 선보인 다양한 '내러티브적 OST'들 중에서도 가장 서사적 연계도가 강한 사례 중 하나다. 가령 디즈니 프린세스물로 대표되는 기존 뮤지컬-애니메이션 장르의 문법에서 음악은 주인공의 감정과 상황, 또는 주제의식을 음악적 언어로 대변하여 표현하는 미학적 기법에 가까웠다. 〈겨울왕국〉의 'Let It Go'나 〈주토피아〉의 'Try Everything'과 같은 사례들 말이다. 그러나 〈케이팝 데몬 헌터스〉에서 OST는 캐릭터의 감정이나 주제의식을 표현하는 보조적 층위를 넘어 헌트릭스와 사자보이즈라는 영화 속 캐릭터가 선보인 고유한 '문화예술 행위의 결과물'처럼 인식된다. 그 자체가 현실 속 대중음악계라는 주류 문화산업장에서 소구되는 과정에서 가상과 현실의 경계를 무화하고 있는 것이다.

사실 이런 '캐릭터 서사가 반영된 내러티브적 음악'은 한국인들에게는 꽤나 익숙한 패턴의 문화상품이다. 한국인들은 〈무한도전〉 이후 우후죽순 등장했던 예능 기반 가요들이 한국 가요 랭킹 차트를 점령했던 기억을 공유하고 있다. 예능이라는 스토리콘텐츠에 담긴 내러티브적 맥락에 높은 연계성과 접근성을 갖는 음악(들)은 일반적인 음악에 비해 대중적 몰입도와 공감대 형성 측면에서 훨씬 강력한 힘을 지닌다는 사실을 일찍이 학습해 온 셈이다. 〈케이팝 데몬 헌터스〉 OST의 글로벌 흥행도 이러한 작용의 자장 안에서 해석될 수 있다.

그런데 유독 흥미로운 것은 '왜 유독 '골든'이 1위인가?' 하는 점이다. 이 질문은 〈케이팝 데몬 헌터스〉 OST를 대하는 이 시대 문화소비자들의 태도 문제로 환원해 생각해 볼 수 있다. 이들이 OST를 단지 '〈케이팝 데몬 헌터스〉의 내용을 상기시키는 매개체' 정도로 여긴다면 극의 가장 클라이맥스 부분에서 주동인물의 승리를 선언하는 'What It Sounds Like'나, 극을 활기차게 열어젖힌 'How It's Done' 등에 좀 더 매료될 법하다. 그러나 빌보드 차트 1위에 안착한 곡은 루미, 미라, 조이 각자의 변별적 경험과 이 경험의 교집합이 녹아든 '골든'이었다.

데몬-헌터로서의 복무신조 같은 'How It's Done'이나 적대자의 마법 도구였던 'Soda Pop' 'Your Idol', 심지어 루미만의 단독 서사가 짙게 배어 있는 무대 공연곡 'What It Sounds Like'에 비해 세 주동 인물 각각의 내면 서사가 투영되어 있으면서 그것을 극복한 헌트릭스의 성취를 노래하는 '골든'이 빌보드 1위라는 대중의 '선택'을 받았다는 것은, 〈케이팝 데몬 헌터스〉와 '골든'이 각기 담고 있는 내러티브가 그 주제적 정합성에 있어 가장 일치도가 높은 콘텐츠 일관성(contents-consistency)을 지니고 있음을 방증한다. 그리고 바로 이런 이유 덕분에 '골든'의 문화산업적 성취가 곧 〈케이팝 데몬 헌터스〉의 성취로 인식되는 것이고, 〈케이팝 데몬 헌터스〉의 성취는 곧 '골든'의 성취로 대표되는 것처럼 느껴지는 것이다. 적어도 대중들에게 '골든'은 뮤지컬 영화

〈케이팝 데몬 헌터스〉의 음악화된 자아로 다가가고 있다는 것이다.

대중에 의한, 대중을 위한, 대중의 K-콘텐츠

'문화예술행위의 결과물'은 시대에 따라 사람들에게 서로 다른 방식으로 받아들여졌다. '작품(work)'으로 여겨지던 시대에 가장 중요시되던 것은 작가성(Authority)과 작가의 의도, 곧 예술성이었다. '텍스트(text)'로 여겨지던 시대에 가장 중요시되던 것은 텍스트에 대한 분석과 비평이었다. 그리고 오늘날 그것은 '콘텐츠(contents)'로 여겨진다. 오늘날 가장 중요시되는 것은 개별 콘텐츠가 놓인 산업적 맥락에 대한 이해와 문화소비자의 개별적 수용 양상이다.

오늘날 콘텐츠 산업의 구조 속에서는 예술성보다도 중요한 것이 대중성이다. 물론 오늘날의 대중성이라는 것에는 보편성, 시대정신, 세계시민의식 같은 하위 요소들이 얽혀들긴 하지만, 기본적으로 이런 하위 요소들조차 플랫폼을 필두로 한 글로벌 미디어 채널의 확산 덕분에 '대중'의 범주가 글로벌 단위로 확장된 결과일 따름이다. 결국 이 시대의 콘텐츠란 타겟 소비자들을 엔터테인먼트적으로 만족시키지 못하면 설 자리가 없어지고 마는 것이다.

수용자 우위의 시대인 오늘날, 문화예술행위의 결과물이 갖는 의미는 수용자의 수만큼 존재한다고 일컬어진다. 그렇다면 이렇게 생각해 볼 수 있다. 특정한 어떤 콘텐츠를 두고, 여기에서 저마다 다른 방식의 감동을 얻는 사람이 많아진다는 것은 해당 콘텐츠가 시대정신을 잘 반영했다는 의미일 것이다. 그렇다면 '같은 방식의 감동'을 얻는 사람들이 많아진다는 것은 어떤 의미가 될까? 그것은 해당 콘텐츠가 보편성과 세계시민의식을 잘 반영했다는 의미일 것이다. 작가성과 예술성이 사라진 오늘날에는 콘텐츠의 소위 '아우라'라는 것은 이렇게 대중의 공감으로 구현된다.

여기, 글로벌 대중이 공감하고 좋아해 주고 있는 '골든'이 놓여 있다. 이 곡의 인기는 한국인의 입장에서는 자못 생경한 것이다. 〈케이팝 데몬 헌터스〉 안에서 처음 등장할 때부터 '골든'은 매우 한국적인 방식으로 이미지화된다. K-팝 뮤직비디오의 형태를 띤 채로, 사실감 있게 묘사된 강남역과 코엑스, 한국의 지하철, 명동 거리의 한국인들에게 공개되는 방식으로 시작한다. 이어 일월오봉도로 장식된 K-팝 공연장에서 공연되는 모습과 방송·인터뷰 등으로 앨범 활동을 하는 전형적인 모습으로 이어지며 K-팝 산업의 특징적인 순간들을 묘사한다. 그렇지만, '골든'은 (엄밀히 말하자면) 한국인 스스로 만들어낸 곡이 아니다. 앞서도 지적했듯, 이 곡은 이재, 오드리 누나, 레이 아미와 같은 생경한 가수가 녹음했다. 이들은 모두 미국 국적의 한국계 미국인이다. SM 연습생 출신으로 K-팝 그룹과 꾸준히 협업을 해온 이재를 제외하면 그간 K-팝 산업과는 큰 연결고리가 없던 인물들이다. 게다가 매기 강 감독을 비롯한 〈케이팝 데몬 헌터스〉의 주요 제작진은 한국계 외국인들이 대부분이고, 제작사는 미국 5대 메이저 스튜디오 중 하나인 소니 픽처스이다.

한국인들은 일찍이 대중매체 기반의 '한류' 시절부터 '국경 밖 문화산업 시장에 소구하는 한국 대중문화'에 대해 발신자 정체성을 유지해 왔다. 그래서 한국인들은 디지털 플랫폼 기반의 'K-콘텐츠' 시대에도 여전히 'K-컬처라면 적어도 한국인이 주도했거나, 한국인 또는 한국 기업에서 제작, 투자한 콘텐츠라는 암묵적인 인식'을 가져온 것이 사실이다. 그러나 그간 수신자로 여겨졌던 외국인과 외국 기업이 주도적으로 기획, 제작, 투자한 콘텐츠인 '골든'은 마치 K-콘텐츠처럼 K-팝 팬덤을 중심으로 K-컬처에 대한 관심을 불러일으키면서 K-팝으로서 소비되고 있다. 이뿐만 아니라 '골든'은 빌보드 핫 100 차트에서 뮤지컬 애니메이션 영화 OST 부문에서는 역대 1위 기록을 달성하고, 역대 K-팝 순위에서는 역대 2위를 차지했다. 심지어 넷플릭스에 의해 아카데미 오리지널 주제가상 후보가 되는 등 절대로 무시할 수 없는 가시적 성과를 나타내며, 이를 지켜보는 한국인에게 '이것은 K-콘텐츠인가?', '이것은 K-컬처인가?'라는 미묘한 감정을 불러일으킨다.

최근까지만 해도 한국 내에서는 "K-팝에서 K를 떼자!"는 논의와 주장이 일어나고 있었다. 해외 팬덤은 점차 K-팝을 장르적으로 받아들이는 데 비해, K라는 단어는 지나친 국적성을 투사하고 있으니 이걸 제거하자는 주장이었다. 한국인들이 한국 안에서 논쟁을 벌이는 사이에, 뜬금없이 해외에서 외국인들이 K-팝의 이름을 전면에 내세운 콘텐츠를 만들어서 세계적으로 즐기며 K-팝과 한국을 이전보다 더 사랑하게 되는 사태(?)가 터지고 만 셈이다. 아닌 밤중에 한국인들은 이제 'K-콘텐츠의 수신자'라는 새로운 정체성에 익숙해져야 하는 상황에 놓여버렸다.

사실 한국인들이 '골든'을 보면서 느끼는 이러한 미묘한 감정은 '지금, 여기'가 사실상 K-팝과 K-콘텐츠, K-컬처 개념 확장의 시발점임을 의미한다. 기실 특정 로컬 문화가 세계적으로 사랑을 받게 되면 이런 일들이 종종 벌어져왔다. 1980년대에는 일본 문화가 할리우드 감성을 만나 〈가라테 키드〉(1984), 〈닌자거북이〉(TMNT, 1987), 〈킬빌〉(2003)이 되었고, 프랑스 음식문화가 픽사를 만나 〈라따뚜이〉(2007)가 되었으며, 중국의 고전 문학과 문화가 디즈니와 드림웍스를 만나 〈뮬란〉(1998)이나 〈쿵푸팬더〉(2008)가 되기도 했다. 이제 우리는 그것을 K-팝의 자장 안에서 뮤지컬 영화의 형태로 목도하며 빌보드를 통해 확인하는 것이다.

디지털 플랫폼의 시대로 진입한 후, K-팝은 글로벌 산업장에서 세 차례의 변곡점을 겪었다. 싸이의 '강남스타일'(2012)은 밈이자 조크로서 주로 소비되며 글로벌마켓에서 K-팝이 도달할 수 있는 범위를 경험하게 해주었다. BTS는 K-팝이 이제 조크로서뿐만 아니라 일상 속 자연스러운 팝 문화의 층위에서 기능할 수 있음을 글로벌 문화소비자들이 인식하도록 해주었다. 그리고 '골든'은, K-팝, K-콘텐츠, K-컬처의 'K'가 더 이상 한국이라는 로컬리티만을 대변하는 용어가 아니라 보편적 메시지를 실어나르는 하나의 장르화된 양식으로 확장될 수 있음을 예견하고 있다.

이렇게 '골든'은 나 자신이 빛나는 존재임을 믿어 의심치 않는 전 세계 수많은 사람에게, K의 로컬리티를 넘어 K-팝의 특성을 넘어 온전한 '메시지'로서 다가가고 있다. 외부의 시선에서 바라본 한국의 가장 힙하고 핫한 이미지들과 함께. K-팝의 가장 이상적인 이미지와 함께.

'골든'의 인기가 지금의 '강남스타일'이나 '버터'처럼 한 풀 사그라든 이후에, K-팝과 K-컬처는 어떤 자리에서 어떤 모습으로 글로벌 문화소비자를 만나고 있을까. 벌써부터 그 순간이 기다려진다.

PART 2

개인의 상처에서 공동체의 울림으로

다시 만들어진 현대의 무가

주수영*

〈케이팝 데몬 헌터스〉의 '골든'은 우리 시대의 무가(巫歌)다. 사람들의 영혼을 빼앗아 가는 악귀로부터 세상을 수호하던 과거 무당들의 춤과 노래는, 영화 케더헌을 통해 어둠을 몰아내는 목소리를 타고난 K-팝 걸그룹 헌트릭스(Huntrix)로 부활했다. 헌트릭스는 노래를 통해 K-팝 보이밴드로 변장한 악의 집단 '사자보이즈'와 대결하는 서사를 그린다. 이 직관적인 역사적 배경을 가진 영화의 시작은, K-팝을 잘 아는 팬뿐 아니라 그렇지 않은 시청자들에게도 낯설지만 충분히 호기심을 자극한다.

〈케이팝 데몬 헌터스〉의 매기 강 감독은 인터뷰에서, 7년 전부터 한국인으로서 한국적 문화가 담긴 프로젝트를 만들고 싶었으며 그 바람은 어릴 적 들었던 악령과 도깨비 이야기에서 비

* 프랑스 액스-마르세유 대학교 아시아학과 한국학 부교수.

롯되었다고 말한다.[1] 이 아이디어의 시초는 엉뚱하게 들릴지 모르지만, 한국의 많은 전통 예술이 샤머니즘에서 그 뿌리를 찾을 수 있다는 점에서 결코 낯선 발상은 아니다. 한국 샤머니즘, 곧 무교는 음악과 춤, 즉 가무를 통해 하늘과 땅, 영혼과 인간을 하나로 결합해 새로운 생명과 문화를 창조하는 기능이자 원시 종교의 질서를 일컫는다. 삶의 노동과 유희 속에서 낮과 밤, 양과 음, 삶과 죽음이 하나의 태극으로 융합되며, 그 속에서 황홀한 창조와 예술이 태어난다.[2] 이러한 생성의 구조는 판소리와 시나위 같은 전통 예술의 계보로 이어질 뿐 아니라 현대 예술과 결합해 오늘날까지도 끊임없이 재해석되고 있다.

K-팝 가수들의 공연에서 나타나는 전통적 무대 장치나 드라마 속 전통 소재의 혼용은 이러한 시도의 가시적 사례로 볼 수 있다. 전통과 현대의 융합은 애니메이션 〈케이팝 데몬 헌터스〉에서 특히 두드러진다. 이 작품은 전통과 현대의 미학이 교차하는 지점에서 새로운 감수성을 창출했으며, 이는 전례 없는 대중적 흥행으로 이어졌다. 서로 이질적으로 보이는 요소들의 유기적 결합은 공개 석 달 만에 넷플릭스 콘텐츠 사상 최초로 누적 시청 수 3억 회를 돌파하게 했고, 플랫폼 역사상 가장 많이 시청된 작품으로 기록되었다.

1 강혜란, 〈매기 강, 성공 비결은 나다움, 이걸 비전으로 키우세요〉, 《중앙일보》, 2025. 09. 26.

2 Tong Shik Ryu, *The History and Structure of Korean Shamanism*(한국 샤머니즘의 구조와 역사), Yonsei University Press, 2012, pp. 512–531.

이 작품의 흥행은 단순한 상업적 성공을 넘어, 현대 대중문화 속에서 전통문화의 미학적 가치와 상징적 잠재력을 재발견하게 하는 계기를 마련했다. 에릭 홉스봄이 말한 '만들어진 전통(invention of tradition)'[3] 개념처럼, 우리가 계승해 온 전통문화는 이 작품에서 보듯 끊임없이 재구성되고 재탄생한다. 이러한 맥락에서 〈케이팝 데몬 헌터스〉의 성공은 전통이 현대의 감각 속에서 어떻게 새롭게 의미화될 수 있는지를 보여주는 문화적 현상으로 이해할 수 있다.

〈케이팝 데몬 헌터스〉는 무속적 세계관을 통해 이야기를 이끌어나가며, 음악은 굿의 무가처럼 서사를 주도하고 정서를 일으키는 핵심 장치로 작용한다.[4] OST '골든'의 성공이 작품의 흥행에 큰 역할을 한 것은 분명하다. 그러나 단지 음악의 세련됨이나 멜로디의 완성도 때문만은 아니다. 그렇다면 이 음악의 압도적인 에너지와 몰입감은 어디에서 비롯된 것일까?

'골든'의 핵심적인 힘은 K-팝의 음악적 구조 속에서 드러나는 노래 행위의 수행적,[5] 무가적 성격에 있는 것은 아닐까?

3 Eric Hobsbawm and Terence Ranger, eds., *The Invention of Tradition*, Cambridge University Press, 1983.

4 OST 〈골든〉은 7월 22일 기준 '빌보드 핫 100' 차트에서 4위를 기록하며, 디즈니 애니메이션 〈겨울왕국〉의 전설적인 OST 'Let It Go'가 세운 5위 기록을 넘어섰다. 공개 나흘 만에 전 세계 41개국에서 넷플릭스 영화 부문 1위를 달성했고, 이미 미국 아이튠즈 앨범 차트와 빌보드 앨범 차트에서도 1위를 차지하였다.

5 오스틴이 언어의 행위적 성격을 강조하며 제시한 '수행적(performatif)'이라는 개념은, 언어가 단순히 의미를 전달하는 것이 아니라 발화의 순간 현실을 변화시키는 실천적 사건으로 작동한다는 점을 보여준다. 이러한 관점은 벤베니스트와 파브리에 의해 확장되며, 언표가 단순한 소통의 수단이 아니라 효력을 생산하는 언어적 행위임을 강조하게 된다.

〈케이팝 데몬 헌터스〉에서 '골든'은 단순한 배경음악이나 감정의 절정을 위한 도구로 해석될 수도 있지만, 극 중에서 '골든'은 세계의 질서를 회복하고자 하는 의미를 내포하고 있다.

악령을 물리치고 공동체의 균형을 되찾는 과정에서 노래는 곧 '굿'의 주문이 되며, 인물들은 노래를 통해 세계를 정화하고 구원한다. 이러한 맥락에서 노래는 단순히 감상되는 음악이 아니라, 서사 속에서 신과 인간, 현실과 초현실을 매개하는 무가의 역할을 수행한다.

무가는 무당이 굿을 통해 신을 부르고, 신에게 인간의 의사를 전달하며, 인간에게 신의 뜻을 전하는 가창의 언어다.[6] '무(巫)'라는 글자 자체는 하늘과 땅을 연결한 '공(工)' 자의 구조에 사람 인(人) 자를 양쪽에 배열해, 그 안에서 사람이 춤추는 모양을 형상화한 것이다.[7] 다시 말해 무당이 하늘과 땅을 잇는 중재자의 역할을 하며, 그 의식이 가무를 통해 행해짐을 상징한다.

역사적으로 무당은 천시받고 배제된 존재였지만, 동시에 인간의 고통을 대신 짊어진 자이자 신을 만나는 지극히 존귀한 자로, 또한 지극히 비천한 자로 존재했다. 그들은 스스로의 고통과 자기비하 과정을 통해 죽음의 문턱까지 다다르며, 그 극한의 체

L. Austin, *How to Do Things with Words*, Oxford: Clarendon Press, 1962; Émile Benveniste, *Problèmes de linguistique générale II*, Paris: Gallimard, 1974.

6 소재영, 김근태, 장경남, 최진봉, 소인호, 최인황, 「무가론」, 『한국의 민속문학과 예술』, 집문당, 1998, 243-246쪽.

7 이능화 집술, 이재곤 역주, 『조선무속고』, 백록출판사, 1976, 12쪽.

험 속에서 고통을 초월하고 궁극적 자유와 평안을 얻는 가능성을 체현(體現)한다.[8] 무당은 무력한 이들의 고난과 맞서 싸우며, 그들의 한(恨)을 풀어내는 종교적 체험을 통해 신과 인간의 중재자라는 기능을 다시 획득한다.

이러한 구조는 〈케이팝 데몬 헌터스〉의 루미 서사에서도 드러난다. 루미는 악귀의 피를 이어받은 채 인간과 악귀의 경계에 선, 배척된 인물이다. 그러나 그녀는 내면의 어둠과 화해하고, 노래를 통해 자신의 상처와 고통을 정화하며 공동체의 자유와 평안을 기원하는 현대판 무당으로 거듭난다. 그녀의 노래는 한과 분노를 풀어내는 데 그치지 않고, 두려움과 상처를 공감과 연대로 바꾸는 소리가 된다. 이 지점에서 헌트릭스는 과거의 무당들처럼 세상의 분열을 화해로 이끄는 중재자로 변모한다. 이 현대판 무당들의 노래는 화해를 열어주는 소리이자, 죽음과 삶, 원한과 용서를 잇는 노래이며, 더 나아가 인간을 구원하는 무가로 확장된다.

지금껏 살펴본 내용을 토대로 '골든'은 전통 무가가 지닌 주술성·신성성·오락성[9]을 현대 대중음악의 언어로 재해석한 사례라 할 수 있다. 이제 우리는 무가의 전통적 기능이 스며 있는

8 한국민속학회, 『샤머니즘 전통 속의 민주주의』, 무속신앙, 2008, 202-205쪽.

9 무가의 특징에 대해서 학자마다 다양한 견해를 제시하고 있으나, 그중 주술성, 신성성, 오락성은 공통적으로 언급되는 핵심요소이다. 따라서 이 글에서는 이 세 가지 특징을 중심으로 비교, 분석하였다. 장덕순, 조동일, 서대석, 조희웅, 『구비문학사설』, 일조각, 1971, 112-114쪽; 서대석, 「무가」, 『한국민속대관 6』, 고려대학교 민족문화연구소, 1995, 475-476쪽.

이 노래를 분석함으로써, 과거의 무가가 현재의 K-팝과 어떤 접점에서 만나 하나로 융합돼 새롭게 태어나는지 조금 더 깊게 알아보도록 하겠다.

무가는 무당의 노래를 통해 신에게 소원을 빌어 현실로 이루는 주술적 행위라면, '골든'은 노래하는 행위 자체가 주문이 된다. 황금 혼문을 완성하기 위해 귀마와 그 부하들이 인간 세계로 침입하는 것을 막아주는 주술적 행위이자, 기원의 노래이기 때문이다. 마치 무당이 굿에서 사람들이 불행에서 벗어나길 바라며 기도하듯, 콘서트라는 장에서 헌트릭스의 '골든'은 하늘과 땅, 신과 세계를 매개하는 현시대의 무당으로서 관객과 감정적으로 깊은 연대를 이루며 강력한 힘을 발휘한다. 굿에서 신앙의 대상인 신과 이를 믿는 신도, 그리고 신과 신도를 매개하는 무당이 있다면, 헌트릭스의 콘서트는 팬들과 함께 이루어지는 하나의 굿판이며 '골든'은 신을 향한 주술적 노래가 된다. 또한 가사 "Gonna be, gonna be golden"은 단순한 리듬의 반복이 아니라, 소망이 이미 실현된 것처럼 진술하는 선언적 언어로 구성되어 있다. 이는 전통 무가(巫歌)의 축원 구조와 닮아 있으며, 말함으로써 현실을 변화시키는 주술적 발화의 성격을 지닌다. 가사의 반복과 확언은 바람을 현실로 전환시키는 리듬적 주문으로 작동하며, 노래하는 행위 자체가 의례적 실천으로 기능한다. 이때 '골든'의 언어는 단순히 말해지는 것이 아니라 '말해진 것

(legomena)'이자 '행해진 것(dromena)'[10]으로 존재한다. 즉, 이 노래는 실천이 되는 수행적 구조를 보여준다.

이러한 '골든'의 주술성은 무가의 신성성과도 맞닿아 있다. 무당은 신을 믿고 그 힘을 빌려 인간과 공동체의 소망을 이루고자 한다. 그렇기에 무당의 주술적 능력은 단순한 기술이 아니라, 신성에 대한 절대적 믿음과 감응(感應)을 바탕으로 발현된다. 이 믿음은 신성성을 인식하지 않고서는 성립할 수 없으며, 노래의 효력 또한 그 신성한 차원을 통해 완성된다.

특히 후렴구 가사 "Gonna be golden"의 서사적 내용은 루미의 개인적 고난, 즉 악귀와 인간의 혼혈임을 감추며 살아왔던 그가 결국 당당하게 자신의 정체를 드러내고 '빛의 자리'에서 노래하는 가수로 변모함을 의미한다. 이는 자신의 신분을 드러내고 성스러운 환생의 순간을 맞이하는 장면으로 볼 수 있다. 개인의 환생과 승화의 과정이 '황금의 혼문(魂門)'을 완성시키면서, 공동체 전체가 악령의 세계로부터 벗어나 빛의 세계로 구원받고자 하는 강한 의지를 드러낸 것이다. 이 과정에서 개인은 단순히 자신을 구원하는 존재가 아니라, 신과 공동체를 연결하는 매개체로 작동한다.

현재의 어둠과 재앙을 넘어 빛의 상태로 나아가려는 이 서사는, 전통 굿판에서 무당이 신에게 도달하기 위해 스스로를 전화(轉化)시키고 공동체를 대신해 정화와 구원의 통로가 되는 과

10 정진홍, 『종교학서설』, 전망사, 1980, 31-42쪽.

정과 맞닿아 있다. 또한 "We're goin' up, up, up"에서 'Up'이라는 반복 구문이 높은음에 배열된 것은 신을 향한 상승의 방향성, 영혼이 하늘로 승천하는 과정을 상징적으로 표현한 것으로도 볼 수 있다. 노래는 신을 부르고 인간을 정화하며, 공동체를 하나로 묶는 의례적 발화로 확장된다. 결국 '골든'의 주술성은 전통 무가의 발화 행위가 지닌 신성한 효력을 대중음악의 언어로 재해석한 결과라 할 수 있다. 그러므로 이 노래는 단순한 예술적 표현을 넘어, 집단적 정화와 상승, 신과의 교감을 실현하는 수행적 언어의 장(場)으로 확장된다.

마지막으로, 무속의례는 주술성과 신성성을 바탕으로 한 오락성으로 완성된다. 굿이라는 제의의 본질이 신성한 의례인 동시에, 굿판에 모인 사람들에게는 흥미롭고 즐거운 구경거리가 되어왔기 때문이다. 이러한 무가의 오락적 성격은 신내림을 통해 공수를 주는 강신무[11]의 무가보다, 굿을 주관하는 것 자체를 업으로 삼는 세습무의 무가에서 더 강하게 나타난다.

세습무는 신내림 없이 가업을 이어받아 무당이 되며, 어릴 때부터 가족을 통해 어깨너머로 배우고 익혀 굿판에 선다. 그들은 무의를 끊임없이 갈고닦는다. 타고난 예술적 재능과 끊임없는 학습을 통해 습득한 기예는 세습무[12]들에게 중요한 자산이 된다. 이러한 예술적 구조는 헌트릭스를 비롯한 현대의 K-팝 가

11 강신무(降神巫)는 신의 내림을 통해 무당이 된 경우를 가리킨다.

12 세습무(世襲巫)는 조상 대대로 무업(巫業)을 이어받아 무당이 된 경우를 말한다.

수들에게도 이어진다. 이들은 세습무처럼 어린 시절부터 노래와 춤, 리듬 등을 반복적으로 훈련하며 단련해 온 현대의 수행자들이다.

이들의 무대는 굿판과 같은 구성으로, 감응의 장으로 기능하며 팬들과의 교류를 통해 하나의 공동체적 체험을 완성한다. 더 나아가 헌트릭스의 '골든' 무대는 무가적 세계관을 결합해, 대중음악의 흥과 유희를 바탕으로 하면서도 악령을 몰아내고 세계의 질서를 회복하려는 서사적 굿판으로 재해석된다. 즐거움과 흥을 통해 공동체의 구원과 정화를 이끌어내는 현대적 무속의례로 기능한다고 볼 수 있다.

또한 세습무 집단이 주재하는 마을 단위의 별신굿이 신을 위한 제의이자 동시에 마을 사람들의 공동체 의식을 확인하는 축제였듯,[13] 헌트릭스의 공연 역시 관객이 함께 참여하며 감정을 나누는 이중적 구조(제의성과 축제성)를 지닌다. 무당이 노래하고 춤추며 청중의 기대를 충족시켰던 것처럼, 헌트릭스 또한 팬들과의 교감 속에서 무대를 신성한 제의이자 예술적 향유의 장으로 만들어낸다.

따라서 여기서 말하는 오락성은 굿을 주재하는 무당, 혹은 공연자 한 사람만으로는 완성될 수 없다. 신앙의 대상인 신과 이를 믿는 신도, 노래를 매개로 연결되는 관객이 함께 참여할 때 비

13 강등학, 강진옥, 김기형, 김헌선, 박경신, 신동흔, 유영대, 전경욱, 천혜숙, 「무가의 이해」, 『한국 구비문학의 이해』, 월인, 2001, 305-362쪽.

로소 완성되며, 그 셋의 유기적 관계 속에서 무대는 본질적으로 공동체적 지향성을 드러낸다. 이러한 공동체적 지향성은 〈케이팝 데몬 헌터스〉의 '골든' 무대에서도 확인된다. 이 공연은 무속적 오락성을 현대적으로 재해석하여, 공연자와 청중 모두가 흥을 공유하는 축제적 구조를 만들어냈다. 관객은 단순히 콘서트에 온 헌트릭스의 팬이 아니라, 함께 황금색 응원봉을 들고 목소리를 합치는 공동 수행자가 된다. '골든'은 대중의 흥을 일으키는 장치일 뿐만 아니라, 아티스트와 대중을 하나로 연결시키며 헌트릭스의 '혼문'을 이루고자 하는 주술적 수행성을 담고 있다. 이러한 수행성은 아래 두 구절에서 더욱 뚜렷하게 드러난다.

"You know together we're glowing, 함께할 때 우린 빛나" 이 구절은 공동의 감응을 빛으로 형상화한다. 노래 속의 빛은 헌트릭스의 염원이자 대중과 감정을 나누는 공유의 염원이면서, 공동체의 흥이 신에게 도달하는 방식이기도 하다. 또한 "Oh, our time, no fears, no lies, 우리의 시간이야, 두려움도 거짓도 없어"라는 구절은 억눌렸던 감정이 해방되고 두려움이 사라지는 정화(淨化)의 과정을 노래한다. 루미의 개인적 해방감이 노래를 통해 공동체적 감응으로 확장되는 순간을 보여주며, 이는 무속의례에서 신과 인간이 함께 즐기는 환희의 장으로 변하는 순간과 상응한다.

맺음말

노래는 누군가에게서 시작되지만, 그 울림은 수많은 사람의 마음을 흔든다. 그 파장은 개인과 개인의 공감을 넘어, 서로 간의 감응을 일으킨다. '골든'의 압도적인 에너지와 몰입감은 단순한 음악적 완성도에서 비롯된 것이 아니다. 그 힘은 무속의 서사 속에서 새롭게 만들어진 전통, 즉 예술이 행위로 발현되고 노래가 의례로 수행되는 순간에 있다. '골든'은 굿의 무가처럼 정화와 감응을 불러일으키며, 개인의 상처를 위로하고 공동체의 감정을 하나로 엮는 무가의 본질을 현대의 K-팝 형식 위에 새롭게 심어놓았다. 이는 단순한 전통의 재현이 아니라, 그 정신을 오늘의 감각과 언어로 새롭게 만들어낸 전통이다. 노래하는 행위 자체가 곧 새로운 전통의 탄생이자, 무가가 지닌 주술성·신성성·오락성이 현대의 무대에서 다시 살아나는 순간이 된다.

따라서 '골든'의 힘은 무대 위에서 노래하는 행위 자체가 지닌 무가적 수행성에 있다. 이는 감정을 전달할 뿐 아니라, 서사를 이끌고 정서를 일으키는 의례적 실천의 언어로 불린다. 헌트릭스는 신과 인간을 연결하는 매개자이자 무당으로, 콘서트장의 팬들은 청중이자 하나의 감응 주체가 된다. 황금 혼문을 열어주는 주술과 흥겹게 춤추는 오락의 무가는 살아 있는 위로이며, 그 위로는 산 사람을 다시 살게 하는 에너지가 된다. 이러한 행위는 개인의 슬픔을 치유하는 자기 치유의 힘이 되고, 공동체는 한 영혼을 달래주는 하나의 마음으로 유기적으로 연결된다.

〈케이팝 데몬 헌터스〉에서 노래는 혼문을 열어 악귀를 막아낸다. '골든'은 우리 시대에 도사린 악한 마음과 상처, 고통에서 벗어나라는 공동체의 울림이 아닐까. 우리가 본 '골든'의 무대는 개인의 슬픔을 춤과 오락으로 달래주는 현대의 굿판이 되고, 우리는 그 속의 공동 참여자가 된다. 따라서 '골든'은 우리 시대의 무가로 다시 태어난다. 가상으로 구성된 이야기가 우리의 이야기로 확장되며 새롭게 살아난다. '골든'을 노래하는 행위는 치유와 회복이 수행되는 순간이 되고, 어느새 우리도 현대의 굿판에서 있게 된다. 전통과 현대, 예술과 의례, 개인과 공동체를 하나로 엮는 우리의 무가는 이렇게 재탄생한다.

그렇다면 〈케이팝 데몬 헌터스〉의 '골든'은 상처와 혼란으로 가득한 우리 시대를 위해 마련된 현대적 무가이자 평화의 울림, 곧 서로를 잇고 세상을 조금이라도 더 이롭게 만들고자 한 마음이 담긴 노력이 아니었을까?

'골든(Golden)'의 세계적 흥행 기록*

'골든(Golden)'은 여전히 빌보드 차트인 상태이다. 〈케이팝 데몬 헌터스〉 OST로 헌트릭스가 부른 '골든'은 2025년 7월 2일자 메인 싱글차트인 '핫 100'에 81위로 데뷔한 이후 현재(2025. 11. 25)까지 차트에 머물고 있다. 특히 21주간 비연속 1위에 올랐다. '골든(Golden)'의 세계적인 흥행 순위와 수상, 판매량 등을 정리하면 다음과 같다.

'골든(Golden)' 관련 순위 및 수상 정보/ 판매량

분야	순위
빌보드 글로벌 200	1위 (22주 차트인)
세계 25개국 차트(노르웨이, 뉴질랜드, 네덜란드, 독일, 베네수엘라, 싱가포르, 스페인, 오스트레일리아, 캐나다, 콜롬비아, 홍콩 등)	1위
그래미 어워즈	본상 후보
K-World Dream Awards	베스트 OST
MTV 비디오 뮤직 어워드	올해의 노래(후보)

국가	인증	판매량/출하량 (판매량+스트리밍)
오스트레일리아	3× 플래티넘	210,000
캐나다	2× 플래티넘	160,000
덴마크	골드	45,000
프랑스	플래티넘	200,000
뉴질랜드	2× 플래티넘	60,000
폴란드	플래티넘	50,000
포르투갈	플래티넘	10,000
스페인	골드	20,000
영국	플래티넘	600,000
미국	2× 플래티넘	2,000,000

〈자료〉 위키피디아(2025. 11. 25)

* 고승희, 〈케데헌 OST '골든', 22주째 美 빌보드 차트인…여전히 2위〉, 《헤럴드경제》, 2025. 11. 25.

PART 1

공정성은 어떻게 연출되는가

넷플릭스 〈흑백요리사〉의 아이러니 / 조한기

PART 2

맛과 권력의 드라마

불평등을 요리하는 〈흑백요리사〉 / 정임숙

[예능]

흑백요리사

〈흑백요리사〉는 맛으로 인정받는 재야의 고수 '흑수저' 셰프들과 이미 대중에게 얼굴을 알린 스타 '백수저' 셰프들 총 100명이 맛 하나로 맞붙는 서바이벌 프로그램이다. 여러 밈과 유행어를 낳았고, 무명 셰프들을 발굴했다. 백종원, 안성재 셰프가 심사위원을 맡았다. '시즌 1'에서 상위권에 든 셰프들의 식당은 예약이 몰려서 한동안 방문하기 힘들어지기도 했다. '시즌 2'가 2025년 12월 방송 예정이다.

- 채널 : 넷플릭스
- 출연 : 백종원, 안성재, 안유성, 에드워드 리, 정지선, 최강록, 권성준 등
- 연출 : 김학민, 김은지
- 공개일 : 시즌 1) 2024년 9월 17일 ~ 10월 8일/ 시즌 2) 2025년 12월부터

PART 1

공정성은 어떻게 연출되는가

넷플릭스 〈흑백요리사〉의 아이러니

조한기*

2010년대 중반 한국 방송은 '쿡방'과 '먹방'의 유행을 겪었다. 요리 과정을 보여주거나 먹는 장면을 전면에 내세운 프로그램들이 한동안 압도적 인기를 누렸다. 〈냉장고를 부탁해〉, 〈한식대첩〉, 인터넷 기반 1인 먹방이 대표적이다. 그러나 포맷의 반복과 과잉으로 시청자 피로는 빠르게 높아졌고, "또 요리 프로그램이냐"라는 반응이 나올 만큼 장르적 매력은 소진된 듯 보였다.

이런 흐름 속에서 2024년 넷플릭스를 통해 공개된 〈흑백요리사: 요리 계급 전쟁〉은 의외의 반향을 일으켰다. 요리 예능이 더 이상 새롭지 않다는 평가가 우세하던 시점에 이 프로그램은 다시 사회적 관심을 모았다. 서바이벌·요리 경연이라는 포맷만 보면 낯설지 않다. 무명의 셰프와 유명 셰프가 맞붙는 구도 역시

* 경희대학교 K-컬처·스토리콘텐츠연구소 학술연구교수.

단출하다. 그러나 이 단순화된 설정은 지난 십여 년간 한국 사회를 관통해 온 계급 담론과 공정성 문제를 정면으로 호출한다. 특히 참가자를 '흑수저'와 '백수저'로 구분하는 명명은, 2010년대 중반 이후 청년 세대의 불평등 체험을 집약해 온 '흙수저' 담론을 의도적으로 연상시킨다. 이는 빈부 격차를 넘어 출발선의 불평등, 세습되는 기회 구조, 공정성에 대한 집단적 불신을 즉각 떠올리게 하며, 프로그램의 대결을 요리 실력 겨루기를 넘어 현실 불평등의 은유로 읽히게 만든다.

해외의 대표적 서바이벌·경연형 쿡방들과 비교하면 〈흑백요리사〉의 차별성은 더욱 선명해진다. 1993년 일본의 〈요리의 철인(料理の鉄人, Iron Chef)〉에서 정립된 요리 대결 포맷은 이후 여러 국가로 확산되었다. 영국의 〈마스터셰프(MasterChef)〉는 "열정과 실력으로 누구든 성공할 수 있다"는 평범한 이의 성공담을 강조했고, 미국의 〈헬스 키친(Hell's Kitchen)〉과 〈아이언 셰프 아메리카(Iron Chef America)〉는 극적 갈등과 캐릭터 소비에 초점을 맞췄다. 이들 프로그램에서 경쟁은 주로 개인의 성장이나 오락적 긴장으로 귀결되며, 사회 구조의 불평등을 포맷 차원에서 드러내지는 않았다. 반면 〈흑백요리사〉는 계급적 긴장을 형식 속에 각인시켜, 익숙한 글로벌 포맷을 한국적 현실의 의제와 접속시킨다. 이로써 프로그램은 세계 쿡방의 궤도 속에서도 독자적인 정체성을 확보한다.

플랫폼의 특수성도 영향을 미쳤다. 기존의 요리 예능이 주로 국내 방송사를 통해 제작·소비되었다면, 〈흑백요리사〉는 공개와 동시에 전 세계 시청자에게 닿았다. 그 결과 한국 사회의 계급 구도가 글로벌 시청자에게도 이해의 틀로 작용하며, 한국적 현실에서 출발한 이야기가 문화의 경계를 넘어 공감대를 얻을 수 있음을 보여주었다. 이는 한국 예능이 더 이상 국내 시장에 머무르지 않고, 세계적 담론의 흐름 속에서 순환하고 있음을 시사한다.

〈흑백요리사〉는 요리를 서바이벌 장르와 결합해 한국 사회의 현실적 문제의식을 반영하고, 글로벌 플랫폼을 통해 그 파급력을 입증한 프로그램이다. 이 글은 이러한 문제의식을 바탕으로 '공정성'을 핵심 키워드로 삼아 프로그램을 분석한다. 먼저 흑수저/백수저의 대립 구도가 설계한 공정성의 구조와 심사 및 참가 과정에서 드러난 윤리 논란이 보여준 공정성의 취약성을 검토한다. 이어 특정 참가자의 서사와 캐릭터 소비가 공정성 담론의 긴장을 어떻게 교란하거나 보완했는지를 살펴본다. 마지막으로 '볼 수는 있으나 맛볼 수는 없는' 쿡방 장르의 감각적 아이러니를 보완하는 시각적 연출 전략과 프랜차이즈 협업을 통한 산업적 확장이 시청 경험과 소비 구조 속에서 공정성 담론을 어떻게 변주하는지 분석한다. 이를 통해 〈흑백요리사〉가 공정성과 윤리를 어떤 방식으로 소비하고, 그것을 산업적 구조와 결합시키는지를 밝히고자 한다.

공정성이라는 드라마

〈흑백요리사〉를 관통하는 핵심 키워드는 공정성이었다. 시청자들이 가장 열광한 순간은 규칙이 단순하고 결과가 명확하게 드러나는 장면이었다. 블라인드 미션처럼 이름과 경력을 지운 채 오직 한 접시의 맛으로 승부가 갈릴 때, 무명의 참가자가 스타 셰프를 꺾는 장면은 '진짜 공정성'을 체험하는 순간으로 받아들여졌다. 무한 두부 미션 역시 마찬가지였다. 동일한 주재료(두부)와 제한 시간(30분)을 전제로 매 라운드 새로운 요리를 내야 하는 규칙은 참가자의 창의성·체력·집중력을 있는 그대로 드러냈고, 시청자는 규칙과 결과가 투명하게 연결되는 희열을 분명히 느꼈다. 평가의 기준과 수단, 산출물이 일치하는 감각적 즉시성과 판정 구조의 가독성이 여기서 확보되었다.

그러나 공정성은 단지 규칙의 문제가 아니었다. 형식이 보장하는 공정성의 바깥에는, 해석과 규범의 층위에서 새롭게 생겨나는 긴장이 있었다. 논쟁의 초점은 곧 규범의 해석으로 옮겨갔다. '인생을 요리하라' 미션에서 촉발된 비빔밥 논란은 한식의 경계와 명명 규칙, 전통과 변용의 허용 범위를 둘러싼 시각 차이를 드러냈다. 한편에서는 세계화된 재해석으로 긍정되었지만, 다른 한편에서는 정체성을 훼손한 변형으로 비판받았다.

이때 시청자는 미각의 즉각적 판단보다 '이것을 비빔밥이라 부를 수 있는가'에 대한 설명의 논리에 더 민감하게 반응했다.

해석의 근거와 맥락이 충분히 제시되면 판단은 유연해졌지만, 규범의 기준이 흔들리는 순간 불신은 빠르게 증폭되었다. 공정성은 더 이상 맛의 문제가 아니라, 무엇을 어떻게 해석할 것인가(그리고 그 해석이 '공정하다'는 것이 무엇을 뜻하는가)의 문제로 확장되었다.

이 과정 전반에서 심사위원의 권위는 공정성의 상징으로 작동했다. 백종원이 보여준 '시장성과 대중성의 판단'과 안성재가 내세운 '전문가의 엄격함'은 프로그램 내내 긴장 관계를 형성했다. 두 심사 기준이 엇갈릴 때 논란은 증폭되었고, 반대로 일치할 때는 결과의 수용도가 높아졌다.

연출은 이러한 인물 서사와 긴밀하게 맞물린다. 참가자의 실패는 과장된 음악보다 침묵과 정지 화면으로, 성공은 화려한 편집보다 결과의 디테일로 증명될 때 더 큰 설득력을 얻는다. 백종원과 안성재의 평가가 충돌하면서도 상호보완될 때, 시청자는 '시장성의 판단'과 '규범의 엄격함'이 교차하는 지점을 확인하게 된다. 결국 시청자가 원하는 공정성은 조건의 평등을 넘어 평가의 투명성이다. 무엇이 어떻게 평가되었는지가 논리적으로 제시될 때, 결과는 비로소 받아들여진다.

이를 통해 시청자가 바라는 공정성이 단순히 조건의 평등을 의미하지 않음을 확인할 수 있다. 왜 그런 결과가 도출되었는가, 판정의 이유가 수용 가능한 논리로 제시되는가 — 즉, 납득 가능성과 설명 가능성이 공정성 인식의 핵심 기준으로 작동함이 드러났다. 이 지점에서 공정성은 미각의 판단을 넘어 규범 해석의 문제로 치환되었고, 문화적 코드와 절차적 정의가 충돌하는 장면이 형성되었다.

〈흑백요리사〉의 공정성은 추상적 규칙에 머물지 않았다. 그것은 참가자와 심사위원이라는 인물을 통해 구체적인 서사로 드러났다. 흑수저와 백수저의 대립 구도는 구조적 장치였지만, 진정한 설득력은 각 인물의 성격과 이력, 그리고 선택이 더해질 때 비로소 분명해졌다.

시청자들이 가장 강하게 몰입한 인물은 백수저 계급에 속한 미국계 한인 셰프 에드워드 리였다. 그는 매번 자신의 전문 분야인 미국 남부식 요리가 아니라 '한식의 창의적 변용'을 시도했다. 이를 통해 미국계 한인 셰프로서 두 문화의 경계를 넘나드는 혼종적 정체성을 드러냈고, 요리를 통해 스스로 정체성 서사를 구축했다. 최종 우승자는 아니었지만, 그의 진정성과 도전의 태도는 프로그램의 상징처럼 남았다.

반대로 흑수저로 출발해 여러 차례 탈락 위기를 넘기며 끝내 우승을 차지한 '나폴리 맛피아' 권성준은 노력과 재능으로 사회적 격차와 불평등을 돌파하는 성공담을 완성했다. 그는 구조적 불평등을 개인의 성취로 극복한 인물로, 프로그램이 내세운 '공정한 경쟁'의 이상을 구현했다. 결과적으로 프로그램은 두 사람을 상징적 대립축으로 배치했다.

흥미로운 것은 두 사람의 태도였다. 백수저이면서 늘 겸손한 에드워드 리, 흑수저이지만 자신감 넘치는 권성준에 대한 시청자들의 평가는 미묘하게 갈렸다. 이 대비는 공정성의 서사만으로 설명되지 않는다. 시청자가 느낀 정당성은 프로그램의 규칙이 아니라, 각 인물이 쌓아올린 서사의 신뢰에서 비롯되었다.

다른 참가자들의 서사 역시 프로그램의 긴장을 촘촘히 채웠다. 최현석은 봉골레 파스타에서 마늘을 빠뜨리는 치명적 실수마저 인간적 서사로 전환했고, '요리하는 돌아이'는 개성적 태도로 존재감을 남겼다. 여러 셰프의 도전과 좌절은 각기 다른 음영을 이루며 서사의 밀도를 높였다. 승패라는 단일 축을 넘어, 참가자들은 저마다 고유한 이야기의 형태로 자신을 제시했고, 이러한 서사의 다층성이 프로그램 전체의 흡인력을 강화했다. 그러나 몇몇 참가자의 거친 발언이나 태도 논란은 시청자들의 반감을 사며, 공정성의 문제를 도덕적 판단의 문제로 바꾸어 놓았다.

이 과정에서 심사위원들 또한 단순한 평가자가 아니라 서사의 행위자로 기능했다. 백종원은 시장성과 TV 프로그램의 인지도를 바탕으로 한 친근한 권위로, 안성재는 파인다이닝의 규범과 전문성을 고수하는 엄격함으로 서로 다른 잣대를 제시했다. 두 사람의 언어가 충돌하거나 접합되는 국면에서, 공정성은 제도의 문제가 아니라 해석과 감정이 교차하는 '살아 있는 과정'으로 체험되었다.

이처럼 〈흑백요리사〉의 공정성은 규칙과 평가, 그리고 인물 서사를 통해 다층적으로 구축되었다. 그러나 프로그램이 종영한 이후, 논쟁은 자연스럽게 화면 밖으로 이어졌다. 프로그램 안에서 확인된 두 축(절차의 투명성과 규범의 해석)에 방송 이후에는 평판, 윤리, 참가자 개인의 태도와 도덕성이라는 세 번째 축이 겹치며 시청자의 공정성 감각이 재구성되었다. 내부에서 제기된 논란들은 프로그램이 끝난 뒤에도 온라인 담론으로 확산되며, 무엇이 공정한가를 넘어 '누가 도덕적인가'라는 문제로 전환되었다. 그 결과 공정성의 기준을 둘러싼 해석 투쟁은 단순한 방송 평가를 넘어 감정적 여론으로 번져갔다.

프로그램의 바깥으로 시선을 돌리면, 심사자와 참가자를 둘러싼 비판과 의혹 제기가 공정성 담론을 한층 복잡하게 만들었다. 이후 여러 구설에 휘말린 백종원이 심사자이자 사업자라는 이중적 위치에 놓여 있다는 점, 일부 참가자의 과거 행위 논란과 해명은 결과의 정당성과는 별개로 '인물의 자격'과 '서사의 신뢰성'을 다시 묻게 했다. 시청자의 수용은 제도의 투명성, 설명의 일관성, 출연자의 평판이 맞물리며 형성되었다.

이러한 평판의 문제는 몇몇 인물의 논란을 통해 구체화되었고, 그 대상은 참가자와 심사자 모두에게 예외가 없었다. 어떤 참가자는 무명에서 출발해 대중적 성공을 거두었지만, 또 다른 셰프는 유명세와 함께 과거의 행적이 드러나며 비판의 대상이 되었다. 이처럼 공정성에 대한 논의는 조리 실력이나 평가 절차를 넘어, 인물의 과거와 윤리, 그를 둘러싼 사회적 신뢰의 문제로 확장되었다.

따라서 〈흑백요리사〉의 공정성은 고정된 값이 아니었다. 그것은 때로는 드라마를 극대화하는 장치로, 때로는 허상처럼 흔들리는 규범으로 작동했다. 그러나 바로 그 긴장(투명한 규칙과 모호한 해석 사이의 간극)이야말로 프로그램의 가장 큰 동력이었다. 한국 사회에서 공정성이 어떻게 욕망되고 동시에 의심되는지를 비추는 거울로 읽히는 이유도 여기에 있다. 규칙이 명료할수록 쾌감은 커지고, 해석이 갈라질수록 의심은 증폭된다. 프로그램은 이 진폭을 서사적 에너지로 전환했다.

결국 한국 시청자는 공정성을 제도적 규칙에서만 확인하지 않는다. 이해가 가능한 설명, 신뢰할 수 있는 이야기, 일관된 태도 속에서 공정성을 감각한다. 프로그램 안에서 형성된 판단의 문법은 방송 밖에서 확대·재생산되었고, 두 장면은 하나의 연속체로 맞물렸다. 〈흑백요리사〉가 남긴 가장 큰 통찰은 바로 이 '사회적 감각의 서사적 작동'이다.

시각적 연출 — 쿡방의 아이러니

요리 예능의 본질적 아이러니는 시청자가 음식을 '볼 수는 있어도 먹을 수는 없다'는 데 있다. 우리는 음식의 맛을 상상할 뿐, 그 맛과 향을 실제로 느낄 수 없다. 화면에 제공되는 시각적 정보와 심사위원의 언어, 참가자의 인터뷰, 다른 이들의 반응과 대화가 편집을 통해 재조합되며 판단의 근거가 된다. 따라서 요리 예능은 필연적으로 미각의 경험을 시청각적 스펙터클과 서사적 장치로 치환한다.

그럼에도 시청자는 이 매개된 정보 속에서 심사의 공정함을 '느낀다'. 바로 여기에 요리 예능의 또 다른 아이러니가 있다. 직접 맛볼 수 없기에, 오히려 '공정성'은 감각적으로 연출된 신뢰의 형태로 경험된다. 심사위원의 설명, 참가자의 표정, 연출의 편집 리듬이 합쳐질 때, 시청자는 맛의 판단이 아니라 판단의 '공정함' 자체를 감각하게 된다. 〈흑백요리사〉는 이 아이러니를 정면으로 활용해, 심사의 공정성을 시각적·서사적 체험으로 구축했다. 익숙한 장르의 틀 안에서 공정성마저 연출의 일부로 변환시킨 것이다.

프로그램은 요리를 단순히 중계하지 않는다. 조리 과정의 클로즈업과 슬로모션은 음식의 질감과 온도를 시각적으로 부각하며, 달궈진 팬의 불꽃과 익어가는 재료, 셰프의 정교한 칼놀림은 감각적 쾌감의 중심이 된다. 사운드 역시 적극적으로 개입한다. 기름이 튀는 소리, 칼이 팬에 닿는 금속음, 접시에 음식이 놓이는 둔탁한 타격음은 폴리 사운드와 근접 마이킹으로 증폭된다. 때로는 조리의 리듬과 호흡만 남겨, '먹을 수 없음'을 '들을 수 있음'으로 전환한다. 시청자는 직접 맛볼 수 없는 조건 속에서, 보이는 것과 들리는 것으로 미각을 상상한다. 〈흑백요리사〉

의 연출은 이 상상 작용을 극대화하기 위해 시청각의 밀도와 순서를 정교하게 설계한다.

음식은 더 이상 조리의 결과물에 머물지 않는다. 이제 그것은 하나의 이야기로 다시 구성된다. 조리 과정, 참가자의 인터뷰, 주변 인물의 코멘트와 심사위원의 평가는 함께 어우러져 참가자의 실력과 태도를 드러낸다. 참가자의 표정, 심사위원의 첫 반응, 포크가 음식에 닿는 순간은 '맛'의 부재를 메우는 간접적 체험의 장치로 작동한다. 화면은 미각의 직접성이 아니라, 추론과 감정이입을 통해 '맛이 그럴 것이다'라는 서사적 확신을 만들어 낸다.

이처럼 〈흑백요리사〉에서 시각·청각적 문법은 단순한 연출 기법이 아니라, 공정성 서사를 구성하는 핵심 장치로 작동한다. 블라인드 미션이나 무한 두부 미션(요리지옥)처럼 규칙이 투명한 라운드에서는 연출의 개입이 최소화된다. 컷 수를 줄이고, 조리 과정을 연속성 편집으로 묶어 시간의 왜곡을 최소화하며, 접시 비교 장면은 같은 구도와 배경에서 제시된다. 정보의 배치가 평형을 이루는 만큼, 시청자는 '같은 조건'이라는 감각적 신뢰를 얻는다.

반면 레스토랑 미션처럼 변수가 많은 구성에서는 다층적 개입이 불가피하다. 재료 수급, 가격, 동선, 인력 배치, 손님 응대, 매출 지표가 교차하면서 편집은 특정 사건을 선택적으로 전면화한다. 갈등의 순서가 바뀌거나 일부 장면이 누락되면, 승패의 근거가 어디에 놓였는지 모호해진다. 결국 연출은 공정성을 투명하게 보완하는 장치이자, 동시에 특정 해석을 강화할 위험을 품는다. 편집의 기준(어떤 정보를 먼저, 얼마나 길게, 어떤 언어와 함께 배치하는가)이 판정의 납득도를 결정짓는다.

〈흑백요리사〉의 미학은 기존 쿡방보다 한 걸음 더 나아간다. 클로즈업과 내레이션의 비중이 커지면서 '손의 기술'과 '요리사의 의도'가 이야기의 중심으로 떠오른다. 음악은 두 축으로 운용된다. 하나는 준비–조리–플레이팅으로 이어지는 점진적으로 고조되는 배경음악, 다른 하나는 조리 과정을 전면에 둔 미니멀한 사운드다. 전자는 '완성의 카타르시스'를, 후자는 '몰입의 긴장'을 강화한다. 이때 심사위원과 참가자의 인터뷰는 요리 장면에 구체성을 더한다. '익힘 정도' 같은 추상적 표현은 인터뷰의 설명과 병치될 때 의미가 분명해지고, '요리사의 의도'는 조리 과정을 보여주는 인서트 이미지와 동기화될 때 설득력을 얻는다.

연출과 공정성의 접점은 '보여준 만큼 믿는다'는 단순한 원칙으로 수렴된다. 동일한 구도와 조도, 동일한 시간 배분 속에서 비교가 이루어질수록 시청자는 '조건의 평등'을 감각적으로 신뢰한다. 반대로 내러티브의 편의를 위해 특정 장면이 강조되거나 생략되면, 룰은 같아도 납득의 강도는 약해진다. 결국 공정성은 규칙의 선언이 아니라, 증거 화면의 설계와 정보 배치가 만들어내는 형식이 낳은 신뢰의 문제다.

이러한 형식은 단지 공정성을 시각적으로 증명하는 장치가 아니라, 신뢰가 가능한 브랜드 이미지를 구축하는 방식이기도 하다. 시청자는 '공정하게 보이는 화면'을 신뢰하고, 그 신뢰는 곧 제품과 브랜드로 확장된다. 산업적 파급력 역시 이 연출 문법과 맞물려 있다. 흑백의 대비를 중심으로 한 시그니처 구도와 색감, 콘셉트 키워드가 일관되게 누적될수록 방송 - 플랫폼 - 브랜드 간 전환은 더욱 매끄러워진다.

특정 참가자의 메뉴가 상업 제품으로 출시되고, 방송의 콘셉트가 식음료 브랜드 협업으로 이어지는 현상도 같은 맥락이다. 이때 미디어 전환의 핵심 매개는 '보이는 레시피'다. 시청자는 이미 조리 과정과 결과의 형태를 시각적으로 학습했기 때문에 다른 소비 단계로의 전환이 자연스럽다. 시청 과정에서 형성된 선호가 구매로 이어지고, 구매 인증과 리뷰가 다시 프로그램의 화제성을 증폭시키며 선순환을 만든다. 요리 예능의 지속가능성은 이 '보이는 설득'을 통해 산업적 전환으로 확장될 수도 있다. 그 가능성을 가장 명확하게 보여준 사례가 바로 〈신상출시 편스토랑〉이다.

넷플릭스라는 글로벌 플랫폼은 이 문화산업적 가치 사슬(value chain)을 국경 밖으로 확장시킨다. '흑수저 - 백수저'라는 한국적 은유는 계층과 기회의 불균형을 상징하는 보편적 코드로 번역되며, 포맷의 명료한 룰 구조와 결합해 해외 시청자에게도 직관적으로 읽힌다. 그러나 이 확장은 동시에 새로운 긴장을 낳는다. 〈흑백요리사〉의 형식과 연출 문법을 참조하거나 변형한 해외 유사 포맷이 등장하면서, 오마주와 레퍼런스, 참고와 표절의 경계가 다시 논란의 대상으로 떠올랐다. 공정성과 윤리를 전면에 내세운 프로그램이 글로벌시장에서는 '공정하지 않은 방식'으로 복제될 수 있다는 역설이 드러난다.

포맷의 보호는 법률의 영역이지만, 그 원형을 식별이 가능하게 만든 것이 아이러니하게도 연출의 문법(시퀀스 구성, 미션 구조, 비교 구도)이라는 점은 의미심장하다. 〈흑백요리사〉의 연출은 쿡방 장르의 아이러니, 즉 '먹을 수 없는 요리의 체험'을 시청각의 밀도와 정보의 윤리로 보완한다. 공정성은 더 이상 룰의 선언에 머물지 않는다. 그것은 증거 화면의 서사이자, 이 서사가 심미성과 산업적 전환, 글로벌 유통의 장치들과 얽히며 확장된다.

그 과정에서 연출은 때로 신뢰를 강화하고, 때로 특정 해석을 부추기며 논란의 불씨가 되기도 한다. 요리 예능은 이제 조리 과정을 넘어, 연출과 서사가 결합된 종합적 스펙터클로 작동한다. 〈흑백요리사〉는 이러한 변화를 가장 선명하게 가시화한 사례다.

PART 2

맛과 권력의 드라마

불평등을 요리하는 〈흑백요리사〉

정임숙*

음식, 문화, 그리고 불평등의 맛

— 음식이 사회적 언어로서 작동하는 방식

음식은 오랫동안 문화연구에서 중심적인 주제를 이루어왔다. 그것은 단순한 생물학적 필수성을 넘어 사회의 가치, 정체성, 관계를 드러내는 기호 체계로 작동한다. 롤랑 바르트(Roland Barthes, 1972)는 음식이 언어처럼 기능한다고 보았으며, 식재료의 선택, 조리 방식, 식사 의례에는 영양을 넘어서는 문화적 의미가 담겨 있다고 주장했다. 레비스트로스(Claude Lévi-Strauss, 1969)는 요리를 구조주의 인류학의 핵심에 두면서, '생식에서 조리로의 전환'을 인간과 자연을 구분 짓는 문화적 행위로 해석했

* 이탈리아 시에나 외국인 대학교 한국학 교수 & 윤동주한국학연구소 소장.

다. 메리 더글러스(Mary Douglas, 1966)는 『순수와 위험』에서 식사가 사회적 분류와 경계, 계급 구조를 형성하는 상징 체계로 작동함을 보여주었다. 이처럼 인류학적·기호학적 관점에서 음식은 전통과 현대, 소속과 배제, 계층과 저항이 교차하며 조율되는 중요한 장이 된다.

한국적 맥락은 이러한 역동성을 더욱 선명하게 드러낸다. 한국 문화에서 조리된 쌀, 즉 '밥'은 단순히 주식을 의미하는 것이 아니라 삶 자체를 상징하는 환유다. '밥을 먹는다'는 곧 살아간다는 뜻이며, '밥 먹었어요?'라는 인사말은 타인에 대한 관심과 관계적 윤리를 드러내는 표현으로 사용된다(Jung, 2021). 한국의 식사 문화는 유교 철학과 전통 의학의 영향을 받아 '균형'의 원리에 기초한다. 음양의 조화, 제철 음식의 활용, 한 상에 둘러앉아 음식을 나누는 공동체적 식사 문화가 그 대표적 예다. 반찬은 단순한 식탁의 장식이 아니라 다양성과 상호성을 보여주는 장치로, 결속과 환대의 가치를 구현한다. 동시에 음식의 조리 방식은 의례, 사회적 계층, 성별화된 노동과 밀접하게 연관되어 있으며, 그 속에는 사회적 위계가 새겨져 있다. 음식은 한국 사회가 내부적으로는 정체성을 형성하고, 외부적으로는 자신을 표현하는 중요한 문화적 매개로 기능한다(The Korea Food Foundation, 2014, 참조).

지난 20년간 한류의 세계적 확산과 더불어 음식은 한국문화 콘텐츠에서 점점 더 중요한 위치를 차지하게 되었다. 요리를 기술이자 도덕적 수양의 방식으로 제시한 초창기 글로벌 히트 드라마 〈대장금〉(2003)에서부터, 혼자 밥을 먹는 행위를 도시인의 갈망과 정서적 결핍으로 재해석한 드라마 시리즈 〈식샤를 합시다〉(시즌 1-3, 2013-2018)에 이르기까지, 식사는 서사적이면서도 정서적 장치로 기능한다. 봉준호의 영화 〈기생충〉(2019)은 소고기를 얹은 '짜파구리'라는 장면을 통해 계급 불평등의 구조를 드러냈다(Chang, 2020; Turner, 2021). 한강의 소설 『채식주의자』(2007)에서는 음식을 거부하는 행위를 통해 가부장적 통제에 대한 저항을 은유적으로 형상화했다(Kim W, 2018). 이처럼 픽션 작품뿐 아니라 다수의 TV 예능 프로그램과 요리 경연 역시 요리를 참여형 볼거리로 전환하며, 한국을 세계적 미디어 트렌드의 중심에 위치시키는 동시에 국내의 사회적 현안을 반영하고 있다.

이런 배경 속에서 최근작 〈흑백요리사: 요리 계급 전쟁〉(이하 흑백요리사)은 특히 주목할 만한 분석 사례다. 이 프로그램은 글로벌 요리 경연 형식을 한국 사회의 현실적 주제와 상징에 접목했다. 참가자들에게 한국 식재료로 세계 각국의 요리와 결합한 퓨전 요리를 시도하도록 장려함으로써, 요리의 혼종성과 창의성을 동시에 보여준다. 특히 〈흑백요리사〉는 '수저계급론'이라 불리는 대중적 사회학적 은유를 전면에 내세운다. '수저계급론'은 개인이 물려받은 자산과 특권에 따라 사람을 상류층의 '금수저'에서 비특권층의 '흙수저'까지 구분하는 은유로, 한국 사회의 불평등 구조를 단적으로 드러낸다. 프로그램은 참가자들을 '백수저'와 '흑수저' 팀으로 나누어 이 은유를 경쟁의 구조적 장치로 활용할 뿐 아니라, 불평등을 시각적으로 구현하며 젊은 세대가 느끼는 불안과 공정성에 대한 감수성에 공명했다.

이처럼 글로벌 포맷과 한국적 주제를 결합한 〈흑백요리사〉의 양방향적 접근은 현대 한국 미디어의 '글로컬(glocal)' 전략을 잘 보여준다. 한류 연구자들(Cho, 2005; Jin, 2021)에 따르면, 한국의 문화 수출은 세계적으로 통용되는 장르 형식에 고유한 문화 코드를 녹여냄으로써 익숙하면서도 이국적인 콘텐츠를 만들어 내며 성장해 왔다. 〈흑백요리사〉의 구조 역시 〈마스터셰프(MasterChef)〉나 〈헬스 키친(Hell's Kitchen)〉 같은 해외 경연 프로그램을 연상시키지만, '수저계급론'과 한국 음식의 전통에 기반한 상징적 구성을 통해 이러한 글로벌 포맷을 한국 사회의 불평등과 정체성 담론 속에 정착시킨다.

이 글은 〈흑백요리사〉에 기호학적·문화연구적 관점에서 접근하며, 음식이 어떻게 엔터테인먼트이자 비판의 매체로 작동하는지를 분석한다. 이를 위해 세 가지 질문을 제시한다. 첫째, 〈흑백요리사〉는 어떻게 '수저계급론'을 서사적 틀로 활용하며, 사회학적 비평을 엔터테인먼트 형식으로 전환하는가? 둘째, 퓨전 요리와 해외 셰프의 참여는 지역적 전통성과 세계적 영향력 사이의 담론을 어떤 방식으로 시각화하는가? 셋째, 〈흑백요리사〉는 세계적 요리 경연 형식과 한국적 주제 사이에서 어떤 균형을 이루며, 국내외 시청자 모두에게 호응을 얻었는가? 이에 관해 탐색하며 〈흑백요리사〉를 기호학, 한국문화콘텐츠 제작,

미디어 세계화에 관한 폭넓은 논의 맥락 속에 위치시킨다. 이를 통해 이 프로그램이 단순한 요리 예능을 넘어, 불평등과 그로부터 파생된 욕망, 전통과 혁신, 한국적 정체성과 세계적 유통 사이의 긴장을 드러내는 문화적 텍스트로 기능함을 밝힌다. 나아가 음식 미디어가 상징적 의미의 교섭이 이루어지는 장으로 작동할 수 있음을 보여준다. 이곳에서 맛, 몸짓, 그리고 조리 도구는 주방을 넘어 사회학적 상상력의 영역으로 확장된다.

한식의 식탁: 먹는 행위의 사회적 의미

— 한류 콘텐츠 속 음식의 상징성과 그 문화적 번역

한국 미디어에서 음식은 단순한 조리의 전시나 미적 연출에 머물지 않는다. 오히려 음식은 기호학적 매체, 곧 문화적 기억과 도덕적 가치, 사회적 위계, 집단적 불안을 부호화하는 기호 체계로 작동한다. 롤랑 바르트(1972)가 지적했듯이, 먹는 행위는 "사회에 대한 어떤 꿈"을 담고 있으며, 그 속의 모든 요리·레시피·의례적 행위는 더 넓은 의미 구조를 응축한다. 이러한 경향은 한국에서 특히 두드러진다. 음식이 사회적 생활, 의례적 관행, 국가 정체성의 중심에 놓여 있기 때문이다(Jung, 2024a). 따라서 미디어 속 음식은 전통과 현대, 지역적 가치와 세계적 영향력 사이에서 이루어지는 문화적 변동과 조율을 보여주는 하나의 특권적 창으로 기능한다.

한국문학은 오랫동안 음식을 상징적 갈등이 전개되는 장으로 다루어왔다. 국제적으로 높은 평가를 받으며 20개 이상의 언어로 번역된 한강의 『채식주의자』(2007)는 음식을 거부하는 행위를 급진적 저항으로 형상화한다. 주인공 영혜가 육류, 더 나아가 모든 영양 섭취를 거부하는 행위는 가부장적 통제와 사회에 내재된 폭력을 비판하는 행위로 읽힌다. 학자들은 이 소설이 신체 자체를 투쟁의 장으로 사용하며, 음식의 존재 혹은 부재가 저항의 언어로 기능한다고 해석했다(Kim, 2019). 이러한 맥락에서 음식 섭취는 단순한 생물학적 행위를 넘어 윤리적이고 정치적인 실천이 된다.

다른 작품들에서는 음식이 역사적 흔적을 보존하는 연상장치로 활용된다. 황석영의 『손님』(2001)에서는 함께하는 식사가 전쟁과 분단의 트라우마적 기억을 소환하는 순간으로 그려지며, 음식이 집단 기억의 매개로 작용함을 보여준다. 비슷하게 신경숙의 『엄마를 부탁해』(2008)는 어머니의 요리를 가족 유대와 세대 간 전승을 가능케 하는 문학적 장치로 사용한다. 여기서 음식은 마리안느 허시(Marianne Hirsch, 2008)가 말한 '포스트메모리(postmemory)'의 개념으로 기능한다. 이는 직접적인 경험이 아닌 정서적 실천과 감각적 반복을 통해 기억이 세대를 넘어 전승되는 과정을 의미한다.

한국 영화 역시 음식을 상징적 장치로 부각해 왔으며, 주로 사회적 불평등을 드러내는 매개로 사용되어왔다. 봉준호의 〈기생충〉(2019)은 값싼 인스턴트 라면과 고급 한우를 섞은 혼합 요리 '짜파구리'를 통해 글로벌 소비문화와 국내 계급 구조가 교차하는 지점을 시각화했다. 인스턴트 식품과 고급 재료가 결합된 이 혼종성은 한국 후기 자본주의의 욕망이 지닌 역설을 응축적으로 드러낸다.

또 다른 사례인 임순례의 〈리틀 포레스트〉(2018)는 시골 음식과 계절별 레시피를 진정성과 치유의 원천으로 제시하며, 도시적 삶과는 다른 감각의 세계를 그린다. 주인공 혜원이 시골로 내려와 집밥을 만드는 과정은 자아를 회복하고 자연의 리듬과 조화를 이루려는 여정으로 상징된다. 여기서 음식은 단순한 상품이 아니라 인간과 자연의 관계를 매개하는 수단으로 기능하며, 이는 도시 소비주의가 만들어내는 소외감과 극명하게 대비된다.

한류에서 가장 영향력 있는 매체인 TV 드라마는 오랫동안 음식을 서사의 핵심 장으로 부각해 왔다(Jung, 2022b). 〈대장금〉(2003)은 최초의 여성 어의 장금의 일대기를 다루며, 그녀의 요리 솜씨를 뛰어난 기술과 도덕적 가르침이 결합된 것으로 그린다. 장금이 준비한 각 요리에는 균형과 질서, 그리고 인(仁)과 같은 유교적 미덕이 담겨 있다.

현대적 배경의 〈응답하라 1988〉(2015)은 음식을 향수와 공동체의 매개로 사용한다. 가족들이 떡볶이나 라면을 함께 나누는 장면은 경제적 어려움 속에서도 이웃과 정을 나누던 한국의 연대 정신을 상기시킨다. 반면 〈식샤를 합시다〉(2013-2018)는 도시의 1인 가구를 중심으로, 혼자 먹는 식사를 갈망과 욕망을 표현하는 행위로 전환했다. 주인공이 음식을 먹는 장면, 즉 '먹방'은 허구와 현실의 경계를 흐리며 이후 실시간 먹방이 문화 현상으로 확산되는 계기를 예고했다. 이러한 사례들에서 음식은 부차적인 요소가 아니라 서사를 구성하는 핵심 장치로 기능한다. 전개를 이끌고, 분위기를 형성하며, 정서적·이념적 함의를 전달한다.

최근 몇 년간 요리 예능과 경연 프로그램은 음식을 시각적 볼거리로 전환하며, 그 기호학적 의미를 확장해 왔다. 〈백종원의 3대 천왕〉(2015)과 〈냉장고를 부탁해〉(2014-2017) 같은 프로그램은 스타 셰프들을 전통성과 현대성 사이를 조율하는 문화적 중재자로 부상시켰다. 이때 음식은 '민주화'된다. 레시피는 단순해지고 조리법은 쉬워지며, 시청자들은 이를 가정에서 손쉽게 따라 하도록 권장받는다.

동시에 경연 형식은 요리 노동을 극적인 퍼포먼스로 연출하며, 한국의 요리 방송을 세계적 시리즈인 〈마스터셰프〉와 같은 궤도에 올려놓았다. 이들 프로그램은 성 역할의 문제 또한 전면에 부각한다. 전통적으로 한국 사회에서 요리는 여성의 가사 노동으로 여겨졌지만, 오늘날 미디어는 점점 더 남성 셰프들을 권위 있는 전문가로 제시하며 요리의 전문성과 상징 체계를 재구성하고 있다. 따라서 음식은 성 역할이 충돌하고 새롭게 구성되는 장으로 기능한다.

앞서 언급했듯, 한국의 음식 기호학을 논할 때 현대사회의 불평등을 드러내는 강력한 은유인 '수저계급론'을 빼놓을 수 없다. 2010년대 중반 '일간베스트 저장소'와 같은 인터넷 커뮤니티에서 등장한 이 담론은 개인이 물려받은 사회경제적 지위에 따라 사람을 구분한다. '금수저'는 특권을 상속받은 상류층을, '은수저'와 '동수저'는 중간 계층을, '흙수저'는 재산이나 인맥이 없는 비특권층을 뜻한다. 미국의 관용구 '은수저'와 달리, 한국의 수저계급론은 보다 체계적이고 포괄적인 사회 유형으로 발전했으며, 이는 젊은 세대 사이에 확산된 능력주의에 대한 환멸을 반영한다(Seth, 2021). 가장 일상적인 물건인 식기는 구조적 불평등을 상징하는 기호로 자리 잡았다. 모든 식사, 모든 숟가락은 단순한 생존의 도구가 아니라 벗어날 수 없는 계급 구조를 드러내는 상징이 된다. 이 은유가 강한 공명을 일으키는 이유는 그 단순함에 있다. 추상적인 사회 구조의 문제를 일상적이고 구체적인 이미지로 전환했기 때문이다.

한국 미디어는 이러한 수저계급론을 드라마, 예능, 그리고 공개 토론의 주요 주제로 빠르게 차용했다. '흙수저'로 분류된 인물들은 구조적 역경에 맞서 싸우는 비특권층의 상징으로 그려지며, 이 담론은 복잡한 사회학적 현실을 단순하고 직관적인 상징으로 응축했다. 문학, 영화, TV, 다양한 대중문화 사례를 종합해 보면, 한국 사회에서 음식이 어떻게 기호학적 매체로 기능하는지를 확인할 수 있다. 음식은 트라우마와 기억을 담아내고, 불평등을 시각화하며, 사적 정서와 대중문화적 스펙터클 사이를 중재한다.

이러한 맥락에서 〈흑백요리사〉는 단순한 오락물이 아니라 더 거대한 문화적 문법의 일부로 이해될 수 있다. 이 프로그램은 음식을 매개로 세계화된 시대 속에서 한국의 위치를 협상하며, 동시에 한국 사회 내부의 긴장과 불평등을 반영한다.

〈흑백요리사〉, 불평등을 요리하다

—'수저계급론'과 요리 경연의 드라마적 변주

음식이 한국 미디어에서 기호학적 체계로 기능한다면, 〈흑백요리사〉는 요리가 어떻게 볼거리이자 사회 비평으로 극화되는지를 보여주는 특히 의미 있는 사례라 할 수 있다. 이 프로그램은 두 가지 핵심 주제를 축으로 전개된다. 하나는 '수저계급론'의 극화를 통한 불평등의 재현이며, 다른 하나는 퓨전 요리와 다국적 참여를 통해 드러나는 혼종성의 탐구다. 이러한 여러 차원이 결합하면서 요리 노동은 한국 사회의 불안을 드러내는 동시에, 세계 시청자에게도 공감대를 형성하는 서사적 기제로 전환된다.

〈흑백요리사〉는 첫 회부터 참가자들을 '백수저'와 '흑수저' 팀으로 나누며, 사회적 불평등에 대한 논의에 적극적으로 참여할 것임을 예고한다. 이러한 이분법은 금수저에서 흙수저까지 이어지는 '수저계급론'의 복잡한 분류 체계를 시각적으로 인상적이고 서사적으로 명료한 대립 구도로 단순화했다. '백수저' 팀은 특권층으로 묘사되며, 주로 요리 교육을 받은 참가자, 요식업 종사 가족을 둔 인물, 혹은 고급 식재료에 접근 가능한 사람들로 구성된다. 반면 '흑수저' 팀은 요리를 독학으로 익혔거나, 외부 지원이 부족하거나, 구조적으로 불리한 처지에 놓인 인물들로 설정된다.

시각적 연출은 이러한 대립을 더욱 극명하게 드러낸다. 유니폼의 색상, 조명, 카메라 워크는 격차를 시각적으로 부각시키며, 심사위원들은 참가자들의 사회경제적 배경을 반복적으로 언급해 시청자들의 인식을 유도한다. 이처럼 〈흑백요리사〉는 구조적 불평등이라는 사회 문제를 소비 가능한 오락의 형태로 전환하며, 불평등 자체를 상품화한다. 그러나 동시에 사회경제적 계층화를 직접적으로 다루기를 회피하는 기존 미디어의 경향 속에서도, 이 문제를 가시화했다는 점에서 의미를 지닌다(Cho, 2017).

〈흑백요리사〉의 주요한 특징은 지속적으로 '퓨전 요리'를 강조한다는 점이다. 이는 참가자들의 기술적 창의력을 시험함과 동시에, 문화적 담론을 형성하는 은유적 장치로 기능한다. 프로그램의 요리 미션들은 전통과 혁신, 지역적 특성과 세계적 영향력, 정통성과 실험성 사이의 역동적 상호작용을 극적으로 보여주며, 음식을 사회문화적 갈등과 조율을 드러내는 기호학적 장으로 확장시킨다.

3회를 예로 들면, 참가자 '나폴리 맛피아'는 이탈리아의 요리 기법과 한국적 요소를 결합해 혼종성을 선보였다.(Jung, 2024b, 참조) 그가 만든 '나폴리를 표현한 생면 파스타와 세 가지 감자 퓌레'는 전통적인 나폴리 파스타 조리 기술에 대한 그의 숙련도를 보여주는 동시에, 나폴리의 감각적·문화적 표상을 구현했다. 심사위원들은 "맛은 이탈리아 같지만, 싸움은 한국인 같다"라고 평하며 요리의 혼종성에 주목했고, 두 요리 전통 간의 대화적 상호작용을 강조했다. 이 회차는 한국과 세계의 조리 관행이 교차하는 지점에서, 요리를 통한 문화적 번역이 어떻게 수행되는지를 보여준다(Iwabuchi, 2002).

이와 유사하게, 7화에서 나폴리 맛피아는 '만테까레'(이탈리아어로 '휘젓다'라는 뜻) 기법을 사용해 깊이 있는 이탈리아 리소토를 선보였고, 심사위원들로부터 높은 평가를 받았다. 이 요리는 맛뿐 아니라 기호학적 풍부함에서도 주목받았다. 이탈리아 요리의 정통성과 창의적 혁신 사이의 세심한 조율을 구현함으로써, 전통적 기술을 새로운 맥락으로 번역해 내는 참가자의 역량을 드러냈기 때문이다. 8화에서는 이러한 실험성이 더욱 확장되어, 편의점 재료만을 활용한 '밤 티라미수'가 등장했다. 제한된 환경은 단순한 기술적 숙련을 넘어 정통 이탈리아 디저트를 창의적으로 재해석하는 능력을 요구했다. 그 결과물은 높은 창의성과 문화적 융합의 성취로 찬사를 받았다.

이러한 요리의 시도들은 호미 바바(Homi Bhabha, 1994)가 제시한 혼종성의 '제3의 공간(third space)' 개념으로 해석될 수 있다. 이 개념은 문화적 정체성이 고정되거나 대립적인 것이 아니라, 상호작용을 통해 끊임없이 재구성된다는 전제를 가진다. 시청자들은 이러한 퓨전 요리를 감상함으로써 미각의 차원에서 세계화와 문화적 협상의 과정을 간접적으로 경험하고, 요리 관행이 문화적 번역과 각색을 어떻게 매개하는지를 체험한다(Iwabuchi, 2002). 따라서 〈흑백요리사〉는 퓨전 요리를 단순한 미학적 실험으로 제시하는 데 그치지 않고, 문화적 정체성·정통·혁신의 관계를 탐구하는 기호학적 매체로 자리매김한다.

여러 국적의 셰프들이 참여함으로써 〈흑백요리사〉는 초국가적 성격을 한층 부각하며, 세계적 요리 흐름과 상호문화적 협상에 적극적으로 참여하고 있음을 보여준다. 미슐랭 경력을 지닌 이탈리아 셰프 파브리치오 페라리는 유럽 요리 전통의 권위를 구현하는 인물로 등장한다. 특정 재료에 대한 그의 세심한 고집과 조리 과정에서 지름길을 비판하는 태도는 그를 '정통성의 수호자'로 자리매김하게 한다. 그러나 된장을 리소토에 사용하는 등 한국의 맛을 수용하려는 시도는 상호문화적 학습과 적응의 실천적 예로 읽힌다. 나폴리 맛피아가 홍어 요리 대결에서 그를 능가하는 순간에도(5화 참조), 페라리의 몰입한 태도는 이탈리아 전통의 기준을 지키면서도 한국적 요소를 실험적으로 포용하는 생산적 긴장감을 드러낸다.

이와 유사하게, 미국 켄터키주 루이빌에서 활동하는 한국계 미국인 셰프 에드워드 리는 자신의 요리를 통해 디아스포라적 혼종성을 구현한다. 김치와 고춧가루 같은 한국의 대표 재료를 미국 남부의 바비큐 조리법과 결합함으로써, 그는 초국가적 정체성이 혼종적 요리를 통해 어떻게 표현될 수 있는지를 보여준다. 10화에서 선보인 '참치 비빔밥'은 다양한 재료와 색이 하나의 통합된 맛으로 어우러지는 과정을 통해 자신의 정체성을 은유적으로 드러낸다. 이러한 음식적 자기표현은 디아스포라 셰프들이 다중적 문화 영향 속에서 정체성을 조율하는 방식을 보여주며, 진정성에 대한 본질주의적 관념에 도전하고 상호문화적 요리 관행의 창의적 잠재력을 드러낸다(Avieli, 2013).

초청 셰프들은 한국 참가자와 글로벌 시청자 사이를 매개하는 문화적 번역자로 기능한다. 그들의 해설은 한국의 재료와 조리법을 세계적 요리 문맥 속에 배치하여, 한국 음식에 익숙하지 않은 시청자에게도 그 맛을 이해하기 쉽게 전달한다. 동시에 이들의 참여는 한국 요리가 글로벌 미식 담론에서 경쟁력과 창의성을 지닌 영역임을 입증하며, 초국가적 미식 네트워크 속에서 적극적으로 발언할 수 있는 역량을 보여준다(Appadurai, 1988). 이러한 상호작용을 통해 〈흑백요리사〉는 일종의 '요리 외교(culinary diplomacy)'를 수행한다. 여기서 맛과 기술을 둘러싼 논의는 세계화, 정체성, 문화적 혼종성에 관한 보다 폭넓은 문제를 탐구하는 문화적 관점으로 확장된다.

〈흑백요리사〉는 음식을 통해 사회적 불평등을 극화했을 뿐만 아니라, 식기, 몸짓, 담음새의 기호학을 의미의 핵심적 전달 매개체로 활용했다. 숟가락, 젓가락, 칼에 대한 클로즈업은 이 도구들의 상징적 의미를 강조했다. 예를 들어, 낡은 숟가락으로 밥을 젓는 모습은 근성과 굶주림의 시각적 은유가 되었고, 핀셋으로 고명을 섬세하게 놓는 행위는 정확성, 세련됨, 특권을 상징했다. 카메라는 끓어오르는 국물, 지글거리는 고기, 윤기 나는 소스의 질감을 오래 보여주며 몰입적인 감각적 영역을 형성하고, 라우라 마크(Laura Marks, 2000)의 '촉각적 시각성' 개념과 공명한다. 시청자들이 음식을 가상으로 '맛보도록' 유도함으로써, 〈흑백요리사〉는 볼거리와 소비 사이의 경계를 허물었다.

이러한 기호학적 전략은 화면 속에만 국한되지 않고 시청자의 해석 영역까지 확장되었다. 네이버와 카카오에서 시청자들은 숟가락의 상징성에 명시적으로 참여했다. 국내 시청자들에게 낡은 식기는 사회적 표식으로 즉각적으로 인식될 수 있었는데, 이는 불평등에 대한 담론으로서의 수저계급론에 대한 그들의 친숙함과 맞닿아 있다. 온라인 논쟁은 이러한 양가성을 반영했다. 일부는 구조적 격차를 드러내려는 프로그램의 의도에 찬사를 보냈지만, 다른 일부는 멜로드라마적 미학을 통해 고통을 상품화했다고 비판했다. 이는 한국 미디어에서 계층 재현의 수용과 관련된 기존 연구와도 일치하며, 젊은 세대는 문화 텍스트를 통해 구조적 불평등과 제한된 사회 이동성에 대한 불만을 표현한다(Seth, 2021; Jin & Yoon, 2016).

이에 비해 글로벌 시청자들은 주로 유튜브 토론과 글로벌 스트리밍 포럼을 통해 프로그램과 상호작용했다. 이러한 수용 방식은 디지털 플랫폼이 접근과 해석의 중심지로 기능하는 한국 미디어의 초국가적 유통 패턴을 반영한다(Lobato, 2019). 유튜브가 의미 확산과 협상의 핵심 채널로 작동하는 K-팝 팬덤과 마찬가지로(Oh & Park, 2012), 〈흑백요리사〉 시청자들은 프로그램의 요리적 혼종성과 초청 셰프들의 카리스마에 매료되었다. 많은 해외 시청자에게 수저계급론에 대한 추가적 맥락 설명이 필요했지만, 일단 이해되면 프로그램에 해석적 깊이를 더하는 요소로 받아들여졌다. 이러한 역동성은 시청자들이 플랫폼 전반에서 논평, 공유, 토론을 통해 미디어 의미를 공동 구성하는 헨리 젠킨스(Henry Jenkins, 2006)의 '참여 문화' 개념과도 부합한다.

시각 기호학과 시청자 수용의 이러한 수렴은 프로그램의 글로컬(glocal) 역동성을 부각한다(Robertson, 1995). 국내에서는 〈흑백요리사〉가 불평등과 열망에 대한 논평으로 공감을 얻었다. 하지만 해외에서는 식기나 몸짓 등 기호학적 단서가 한국문화의 특수성을 이해하는 접점으로 작용하며, 요리적 볼거리로 주로 소비되었다. 비판적 담론과 미학적 즐거움을 동시에 포착한 프로그램의 능력은 그 문화적 영향력과 국제적 확산을 뒷받침

한다.

〈흑백요리사〉: 경연의 무대, 감정의 세계

— 글로벌 포맷과 한국적 정서가 교차하는 감정의 서사구조

〈흑백요리사〉가 요리를 통해 불평등과 혼종성을 극화했다면, 이 프로그램의 성공은 요리 경연을 흥미로운 드라마로 전환하는 서사적 기법, 즉 스토리텔링 전략에도 기반한다. 이러한 전략들은 〈흑백요리사〉를 글로벌 TV 포맷의 관행 속에 위치시키는 동시에, 한국 특유의 서사 감각을 부각시킨다. 이 점에서 〈흑백요리사〉는 코이치 이와부치(Koichi Iwabuchi, 2002)가 말한 '문화적 무취성(cultural odorlessness)'의 사례로 해석될 수 있다. 이는 지역적 내용을 담고 있으면서도, 과도하게 이질적으로 인식되지 않아 세계적으로 유통될 수 있는 미디어 형식의 특성을 의미한다.

영국과 호주의 〈마스터셰프(MasterChef)〉, 미국의 〈헬스 키친(Hell's Kitchen)〉과 같은 글로벌 요리 경연 프로그램들처럼, 한국의 〈흑백요리사〉 역시 점차 난이도가 높아지는 미션, 제한 시간 내 경쟁, 탈락 구조를 중심으로 에피소드를 구성한다. 이러한 관례는 긴장 – 갈등 – 해소로 이어지는 익숙한 서사적 리듬을 통해 시청자에게 몰입감과 긴장감을 제공한다. 각 에피소드는 미션 소개, 준비 과정의 몽타주, 시식, 그리고 극적인 판정이라는 정형화된 형식을 따른다.

그러나 〈흑백요리사〉는 계층의 역동성과 문화적 혼종성을 서사 구조에 내재시킴으로써 기존의 틀을 확장했다. 예를 들어 〈헬스 키친〉이 고든 램지(Gordon Ramsay)의 신경질적 태도와 참가자 굴욕 장면을 중심으로 긴장감을 조성한다면, 〈흑백요리사〉는 참가자들의 서사, 기지, 사회적 맥락을 중심으로 전개된다. 심사위원들은 단순히 권위를 행사하는 인물이 아니라, 재료의 맥락을 설명하고 요리에 담긴 상징적 의미를 해석하는 '문화적 해석자(cultural interpreters)'로 등장한다. 이 프로그램의 서사를 움직이는 핵심 동력은 개인의 성격이 아니라 구조적 불평등이며, 이러한 설정은 서구의 유사 프로그램에서는 보기 드문 사회학적 차원을 부여한다.

한국 TV의 두드러진 특징 가운데 하나는 정서적 친밀감을 중시하는 서사 방식이다. 〈흑백요리사〉는 이러한 전략을 리얼리티 경연 형식에 접목해, 참가자들을 대체 가능한 출연자가 아닌 하나의 연속적 이야기 속 주인공으로 구축한다. 프로그램은 파라텍스트적 장치로서 인터뷰 구간을 활용하여, 시청자에게 참가자들의 가족사, 재정적 어려움, 개인적 열망을 엿볼 수 있는 창을 제공한다. 예를 들어, 낡은 냄비 하나로 요리를 배웠던 흑수저 참가자의 회상은 요리 노동을 근성의 서사로 위치시키며 시청자의 감정이입을 유도한다. 반대로, 물질적 혜택에도 불구하고 불안을 털어놓는 백수저 참가자의 고백은 특권과 결핍이라는 단순한 이분법을 복잡하게 만들며, 계층 구분에 심리적 깊이와 뉘앙스를 더한다. 이러한 서사적 구성은 시청자가 마치 드라마 속 인물의 성장 서사를 지켜보듯 각 참가자의 이야기에 정서적으로 몰입하도록 이끈다.

편집 전략 또한 이러한 정서적 동일시를 강화한다. 외재 음향은 고난이나 승리의 순간을 고조시키고, 클로즈업은 심사 장면에서 인물의 표정을 세밀하게 포착한다. 이러한 연출을 통해 프로그램은 시청자가 단순히 요리 결과를 평가하는 데서 나아가, 참가자들의 서사에 감정적으로 동참하도록 만든다. 이처럼 〈흑백요리사〉는 리얼리티 TV와 멜로드라마의 경계를 흐릿하게 만들며, 팬덤적 정동 노동을 촉발한다. 이는 단순한 평가를 넘어 개인적 애착과 동일시로 확장되는 시청자 참여의 형태를 형성한다.

〈흑백요리사〉는 시각적 볼거리, 문화적 특수성, 글로벌 접근성이 교차하는 지점을 제시하며 독특한 글로컬(glocal) 매력을 구축한다. 이 프로그램의 시각 기호학은 한국 드라마의 미학을 적극적으로 활용하여, 요리 행위를 극적 긴장이 최고조에 달하는 순간으로 격상시킨다. 소스에 숟가락이 찍히는 장면은 마치 사극에서 칼이 뽑히는 순간처럼 중대한 의미를 띠고, 웍에서 솟아오르는 연기나 국물에서 피어오르는 김은 변화와 감정의 폭발을 상징하는 영화적 은유로 기능한다. 이러한 스타일화는 〈흑백요리사〉의 국제적 공명에 기여한다. 채도가 높은 색감, 양식화된 슬로모션, 고조된 음악 신호에 익숙한 한국 드라마 시청자들은 대본이 있는 서사와 대본이 없는 형식 사이에서 자연스러운 연속성을 경험한다. 이 의미에서 음식은 보편적 해독 가능성을 유지하면서도 멜로드라마의 무대가 된다. 즉, 그릇에서 피어오르는 김이나 셰프의 떨리는 손은 문화적 경계를 넘어 직관적으로 해석된다.

〈흑백요리사〉의 강점은 단순한 시각적 세련미에 있지 않다. 핵심은 전략적 글로컬라이제이션(glocalization)에 있다. 서구 리얼리티 포맷에서 차용한 보편적 경쟁 구조를, 수저계급론·한국 재료·디아스포라적 참여 등 국내 시청자에게 친숙한 주제와 결합함으로써, 이 프로그램은 한국 사회의 현실에 뿌리를 두면서도 세계 시청자들에게 접근할 수 있는 균형을 구축한다. 이러한 조화는 한류의 전반적 전략을 반영한다. 진(Jin, 2021)에 따르면 K-팝과 K-드라마의 글로벌 성공은 세계적 미학과 한국적 문화 특수성의 조화에 달려 있다. '짜파구리'나 '밤 티라미수'와 같은 요리는 외국 시청자에게 낯설게 다가올 수 있지만, 오히려 그 낯섦을 통해 문화적 차이를 드러내며 호기심과 참여를 유도한다. 이를 통해 〈흑백요리사〉는 한국의 소프트파워를 매개하는 문화적 플랫폼으로 기능한다. 조지프 나이(Joseph Nye, 2004)가 말한 '강제가 아닌 문화적 매력에 의한 영향력'의 개념을 구현하며, 국내의 불평등·혼종성·요리 전통을 전 세계적으로 소비 가능한 서사로 번역한다.

비교 분석을 통해 〈흑백요리사〉가 리얼리티 요리 장르 내에서 혁신적으로 자리매김하고 있음을 더욱 분명히 확인할 수 있다. 기술적 숙련과 개인적 야망을 전면에 내세우는 〈마스터셰프(MasterChef)〉와 달리, 〈흑백요리사〉는 구조적 불평등과 사회적 비판을 중심에 둔다. 〈헬스 키친(Hell's Kitchen)〉이 권위주의와 긴장감을 극화한다면, 〈흑백요리사〉는 계급 투쟁과 불평등 문제에 초점을 맞춘다. 또한 장인 정신을 강조하는 넷플릭스 다큐멘터리 스타일의 〈길 위의 셰프들: 아시아(Street Food: Asia, 2019)〉와 비교해도, 〈흑백요리사〉는 경쟁적 긴장감 속에서 지역의 맛과 문화적 서사를 결합하며 독자적인 미학을 구축한다. 이러한 대비를 통해 〈흑백요리사〉는 단순히 기존 형식을 변형한 프로그램이 아니라, 요리 리얼리티 TV의 관습 속에 사회적 의식을 주입한 독창적 사례로 평가된다.

〈흑백요리사〉는 멜로드라마적 시각 스타일, 정서적 친밀감, 그리고 문화적으로 뿌리내린 서사를 결합함으로써 글로컬(glocal)한 공명을 달성한다. 극적으로 연출된 담음새와 퓨전 요리는 글로벌 시청자에게 시각적 매력으로 작용하고, 수저계급론과 한국적 요리 모티프는 프로그램을 국내의 사회적·문화적 현실에 단단히 뿌리내리게 한다. 그 결과, 이 프로그램은 단순한 오락을 넘어 교육적·문화적 기능을 수행하며, 한국 사회의 불평등과 혼종성을 전 세계적으로 해석할 수 있는 서사로 번역하는 '소프트파워'의 매개체로 작동한다.

음식의 외교학: 〈흑백요리사〉와 소프트파워

—요리가 문화 외교와 국가 이미지를 매개하는 방식

음식은 단순한 생존의 수단이 아니다. 그것은 국가와 공동체가 정체성을 형성하고, 매력을 구축하며, 영향력을 행사하기 위해 활용하는 상징적 자원이다. 한국의 경우 요리 문화는 K-팝, K-드라마, 디지털 게임 등 이미 세계화된 콘텐츠와 결합하면서 점차 전략적 소프트파워의 한 축으로 자리 잡고 있다. 따라서 〈흑백요리사〉는 단순한 오락으로만 읽혀서는 안 된다. 요리 경연이 한국의 이미지를 해외에서 협상하는 장으로 기능하는 문화 외교의 매개체로 이해되어야 한다.

나이(Nye, 2004)는 소프트파워를 강압이 아닌 매력을 통해 타인의 선호를 형성하는 능력으로 정의한다. 음식은 감각에 직접 호소하여 언어의 장벽을 넘어 문화 경험에 즉각적으로 접근하게 함으로써, 특히 효과적인 소프트파워의 매개임을 입증해 왔다. 요리는 '음식 외교(culinary diplomacy)'의 형태로 기능하며, 전통성과 현대성, 창의성에 관한 서사를 전달한다.

한류는 이미 이러한 음식 외교 브랜딩을 적극적으로 활용해 왔다. 비빔밥, 불고기, 김치 같은 요리의 세계적 인기는 K-드라마와 영화 속 반복적 등장으로 확산되었다. 넷플릭스 〈오징어 게임〉(2021)은 달고나를 대중화했고, 봉준호 감독의 〈기생충〉(2019)은 짜파구리를 글로벌 관객에게 소개했다. 이러한 맥락에서 〈흑백요리사〉는 의도적으로 설계된 혼종적 프로그램으로 등장한다. 전통적인 한국 재료를 극화하는 동시에, 이를 세계 관객이 이해할 수 있는 서사적 틀 속에 배치함으로써 문화적 번역의 장을 형성한다.

〈흑백요리사〉와 같은 요리 경연은 볼거리와 교육을 결합함으로써 소프트파워를 발휘하는 특히 효과적인 장치로 기능한다. 이러한 맥락에서 요리는 오락과 학습을 동시에 매개하며, 관객에게 재료, 조리 기술, 더 넓은 문화적 가치에 대한 이해를 제공한다. 〈흑백요리사〉 역시 교육적 무대로 작동하며, 된장·고추장 같은 발효 장류, 반찬, 계절 나물 등 한국 요리의 핵심 요소를 국제 시청자에게 소개한다. 심사위원들은 이러한 재료의 상징적·역사적 의미를 설명하며 서사적 맥락을 부여한다. 예를 들어, 흑수저 참가자는 보리밥 요리에서 전후 시기 보리가 '근성'의 상징이었던 역사적 배경을 언급함으로써, 음식에 내재된 사회적 기억을 소환한다. 이러한 서사적 장치는 레시피를 단순한 조리법이 아니라, 글로벌 관객에게 교육적 의미를 전달하고 국내의 문화적 자부심을 강화하는 이야기로 전환시킨다.

나아가 〈흑백요리사〉의 외교적 파급력은 파브리치오 페라리와 에드워드 리 같은 국제적 명성의 셰프 참여를 통해 한층 확대된다. 이들의 참여와 평가는 한국 재료와 요리 기술에 문화적 권위를 부여하며, 한국의 미식적 위상을 세계적으로 고양시키는 효과를 낳는다. 미슐랭 스타 셰프가 고추장을 "발사믹 식초만큼 다재다능하다"고 평한 사례는 프로그램을 넘어 확산되며, 한국의 음식 소프트파워 전략에 실질적 영향을 미친다. 이처럼 〈흑백요리사〉는 단순한 오락을 넘어, 요리 전문성을 통해 국가 정체성을 투사하고 문화 외교를 수행하는 플랫폼으로 기능한다.

〈흑백요리사〉의 퓨전 요리 강조는 전통에 뿌리를 두면서도 세계적 혁신을 구현하려는 한국의 더 광범위한 브랜드 전략과 궤를 같이한다. 2009년에 시작된 '한식 세계화(Global Hansik)' 캠페인과 같은 정부 주도 정책은 전통성과 적응성을 동시에 부각하며 한식을 세계적 미식으로 확장하는 것을 목표로 한다. 〈흑백요리사〉에서 전통 재료는 새로운 맥락 속에서 재배치된다. 예컨대 한국의 배추김치가 피자 토핑으로 사용되거나, 고춧가루가 크렘 브륄레의 향신료로 활용되는 방식이다. 이러한 조합은 재료의 문화적 의미를 훼손하지 않으면서, 오히려 그것을 새로운 언어로 번역한다. 이와 같은 혼종성은 '근본'과 '변형'이라는 경직된 이분법을 거부하며, 한식을 글로벌 미식 담론에 참여할 수 있는 유연한 문화 자원으로 재구성한다. 이러한 점에서 〈흑백요리사〉는 오트마즈긴(Otmazgin, 2012)이 정의한 '문화적 실용주의(cultural pragmatism)'를 구현하는 전형적 사례로, 소프트파워의 영향력을 확장하기 위해 전통을 전략적으로 재조정한다.

〈흑백요리사〉의 외교적 기능에서 특히 주목할 만한 지점은

'수저계급론'을 통해 사회적 불평등의 문제를 포섭한 것이다. 경제·사회적 격차를 극화함으로써, 이 프로그램은 화려함과 소비를 중심으로 한 초기 한류의 이미지와 구별되는, 승리주의가 아닌 자기 성찰적인 한국의 모습을 제시한다. 물론 불평등의 부각은 부정적 인식을 초래할 가능성이 있지만, 동시에 콘텐츠의 신뢰성을 강화한다. 나이(Nye, 2011)는 소프트파워가 선전적일 때보다 진정성 있게 인식될 때 가장 효과적이라고 지적한다. 구조적 어려움을 드러냄으로써 〈흑백요리사〉는 자신의 모순과 마주하는 사회로서의 한국을 그려내며, 이를 통해 오락·문화 교육·사회적 비판을 결합한 복합적 문화 외교의 형태를 구현한다.

시청자 수용 양상은 〈흑백요리사〉의 이중적 외교 기능을 선명히 드러낸다. 국내 시청자들은 수저계급론을 사회적 불평등에 대한 비판적 은유로 해석하는 반면, 국제 시청자들은 프로그램을 주로 예술적 요리 스펙터클로 소비한다. 이러한 수용의 차이는 글로벌 미디어 텍스트가 관객의 문화적·사회적 맥락에 따라 상이하게 해독될 수 있음을 보여주며, 아파두라이(Appadurai, 1996)가 말한 '다형적 가독성(polymorphous readability)' 개념을 실증적으로 입증한다.

〈흑백요리사〉의 확산은 디지털 스트리밍 플랫폼을 통해 가속화된다. 국제 서비스에서 제공되는 자막판은 한국의 재료와 문화적 관습을 세계 시청자가 이해할 수 있도록 돕고, 유튜브와 레딧(Reddit) 등의 온라인 팬 커뮤니티는 반찬이나 한정식과 같은 용어를 해설하며 논평을 확장한다. 이러한 디지털 공간은 프로그램의 교육적 기능을 확장시켜, 요리 지식과 문화 서사가 방송을 넘어 순환·전파되는 네트워크를 형성한다.

퓨전 요리의 극화, 재료에 대한 해설적 내러티브, 수저계급론의 통합을 통해 〈흑백요리사〉는 '분산형 문화 외교(distributed cultural diplomacy)'의 한 형태로 작동한다. 이 프로그램은 한국적 기반 위에서 코스모폴리탄적 감각을 구현하며, 화려함과 자기 성찰을 동시에 제시한다. 그 결과 요리 미디어는 음악과 드라마에 이어 한국 소프트파워의 핵심 축으로 부상하며, 진화하는 한류 전략의 방향을 상징적으로 보여준다.

불평등을 맛보는 시대의 질문들

—공정성에 대한 질문과 공감의 감각

이 글은 〈흑백요리사〉를 음식 미디어, 사회적 불평등, 소프트파워가 교차하는 지점에서 다면적으로 작동하는 문화 텍스트로 분석했다. 나아가 이 프로그램을 기호학, 세계화, 한국의 문화 외교에 대한 광범위한 논의 속에 위치시킴으로써, 〈흑백요리사〉가 음식을 서사 장치이자 사회 비평의 매체이면서 동시에 외교적 투사의 도구로 기능하게 함을 보여주었다.

기호학적 차원에서 〈흑백요리사〉는 요리 행위가 지닌 소통적 풍부함을 강조한다. 나폴리 맛피아, 파브리치오 페라리, 에드워드 리가 선보인 요리들은 전통과 혁신, 한국과 세계, 특권과 역경 사이의 복합적 협상을 압축적으로 담아낸다. 식기, 담음새, 요리 동작은 회복력·창의성·사회적 정체성을 전달하는 상징적 기호로 작동한다. 이러한 분석은 음식을 단순한 생물학적 필수품이 아니라 '소통 체계'로 보는 바르트(Barthes, 1967)의 개념과 맞닿는다.

또한 〈흑백요리사〉가 수저계급론을 경쟁적 리얼리티 포맷에 각색한 방식은, TV 요리 미디어가 구조적 불평등을 극화하면서도 정서적으로 이해 가능한 형태로 재구성할 수 있음을 입증한다. 따라서 요리는 상징으로 기능한다. 식재료의 희소성은 경제적 불안정을, 참가자들의 끈기는 사회적 열망을 상징한다. 물론 이러한 극화는 고난을 미학화할 위험을 내포하지만, 동시에 젊은 한국 시청자들에게 특히 공명하는 사회경제적 긴장을 가시화한다. 이러한 점에서 〈흑백요리사〉는 화려함의 서사가 사회적 투쟁과의 명시적 개입으로 전환되는 한류 내 변화를 보여주는 사례라 할 수 있다.

〈흑백요리사〉의 글로벌 호소력은 글로컬라이제이션(glocalization) 전략에 기반한다. 이 프로그램은 지역 재료, 문화적으로 공명하는 상징, 사회 비평을 세계적으로 이해 가능한 서사적 틀 안에 배치한다. 국내 시청자에게 〈흑백요리사〉는 불평등과 문화적 자부심을 반영하는 거울로 작용하고, 국제 시청자에게는 퓨전 요리와 정서적 스토리텔링이 결합된 접근 가능한 볼거리(spectacle)로 다가간다. 이러한 이중적 가독성은 코스모폴리탄적이면서도 문화적으로 뿌리내린, 혁신적이면서도 자기 성찰적인 국가 이미지를 투사함으로써 한국의 소프트파워를 증폭시킨다.

〈흑백요리사〉의 분석은 몇 가지 중요한 함의를 제시한다. 첫째, 이 사례는 음식 미디어를 문화 생산의 핵심 영역으로 다루어야 함을 강조한다. 요리 경연, 음식 다큐멘터리, 디지털 푸드 콘텐츠는 사회적 의미를 강하게 응축하므로, 음악·드라마·영화와 마찬가지로 학문적 관심의 대상이 되어야 한다. 둘째, 〈흑백요리사〉는 지역적 맥락에 적응하면서도 글로벌한 인지도를 유지하는 미디어 형식의 초국가적 유통을 보여준다. 한국·일본·중국·라틴아메리카 등 다양한 지역의 요리 경연을 비교 분석한다면, 음식 기호학의 수렴과 분산 양상을 보다 명확히 파악할 수 있을 것이다. 셋째, 이 프로그램은 현대 소프트파워 전략에서 혼종성의 역할을 부각한다. 국가와 미디어 산업은 협소한 '진정성' 담론에 머무르기보다, 적응성·혁신·상호문화적 대화를 강조함으로써 더 넓은 영향력을 확보할 수 있다.

궁극적으로 〈흑백요리사〉는 음식을 넘어선 극화를 보여준다. 이 프로그램은 열망과 제약, 자부심과 불안, 전통과 세계주의를 동시에 드러내며 현대 한국 사회의 복합적 모순을 연출한다. 요리 행위를 서사적 볼거리로 전환함으로써, 〈흑백요리사〉는 부엌을 불평등이 수행되고 혼종성이 '맛보이며', 외교가 실현되는 문화적 실험실로 재구성한다. 음식이 문화 교류의 중심 축으로 계속 부상하는 오늘날, 〈흑백요리사〉는 요리 미디어가 사회적 기호학을 부호화함과 동시에 국가 정체성을 글로벌 무대에 투사하는 방식을 보여주는 설득력 있는 사례라 할 수 있다.

PART 1

한국에서 가장 멀리

〈인조이〉라는 도전이 갖는 의미와 그 한계 / 이현재

PART 2

한국 게임이 산업에 미친 영향과 흥행작 〈인조이〉가 게임 문화에서 차지하는 입지

겐기스 후사메딘

[게임]

인조이(inZOI)

〈인조이〉는 예상치 못한 상황을 만나고 다양한 삶의 이야기를 만들 수 있는 시뮬레이션 게임이다. 스토리는 일자리를 찾던 주인공 '보라(Bora)'가 AR 컴퍼니에 인턴으로 고용되어 시뮬레이션 세계 속 '조이'(심즈의 심과 비슷한 개념)들을 관리하면서 시작된다. 언리얼 엔진 5를 사용하여 높은 수준의 실사 그래픽을 보여주며 이 덕분에 초기에 많은 주목을 받았다. 시뮬레이션 게임이고 AI 기술이 활용되어 게임을 하기 위한 CPU와 GPU 모두 요구 사양이 높다. '앞서 해보기' 버전이 출시된 지 1주 만에 판매량 100만 장을 달성했고, 이는 크래프톤의 역대 게임 가운데 가장 빠른 기간에 달성한 기록이었다.

- 제작 : inZOI Studio
- 배급 : 크래프톤
- 등장인물 : 이브, 아담, 릴리 등
- 장르 : 인생 시뮬레이션 게임, 신 게임

PART 1

한국에서 가장 멀리

〈인조이〉라는 도전이 갖는 의미와 그 한계

이현재*

〈인조이〉를 어떤 도전으로 봐야 하는가?

크래프톤의 독립 스튜디오 '인조이 스튜디오'가 만든 〈인조이(inZOI)〉(이하 인조이)는 출시 이전부터 많은 관심을 받았다. 2024년 독일 게임스컴 시연 부스에는 게임을 체험하기 위해 5시간 넘게 대기 줄이 이어졌으며, 사전 공개된 캐릭터 커스터마이징 툴 '인조이: 캐릭터 스튜디오'에서는 이틀 만에 약 10만 개의 이용자 제작 콘텐츠(UGC)가 업로드되기도 했다(KRAFTON). 이러한 플레이어들의 뜨거운 관심에 힘입어 〈인조이〉는 2025년 3월 28일 스팀을 통해 앞서 해보기(Early Access)가 공개된 지 일주일 만에 100만 장이 판매되며, 크래프톤이 퍼블리싱한 타이

* 경희대학교 K-컬처 · 스토리콘텐츠연구소 연구원.

틀 중 가장 빠른 판매 기록을 달성하는(윤휘종) 영광을 안았다.

성공적으로 보였던 흐름은 오래가지 못했다. 공개 직후 8만 7천여 명에 달하던 동시접속자 수는 불과 2개월 만에 급격히 감소하기 시작했다. 게임 출시 2주차부터 이미 플레이어 이탈이 본격화되었으며, 8월 20일 인조이 스튜디오가 첫 번째 무료 DLC '아일랜드 겟어웨이(Island Getaway)'를 공개했음에도 불구하고, 일시적인 회복세를 보였을 뿐 근본적인 문제는 해결되지 않았다. DLC 출시는 약 1만 명까지 동시접속자를 회복시켰으나, 이는 최고점 대비 11.4%에 불과한 수치였으며, 그마저도 2개월을 버티지 못하고 다시 급락하는 모습을 보였다.

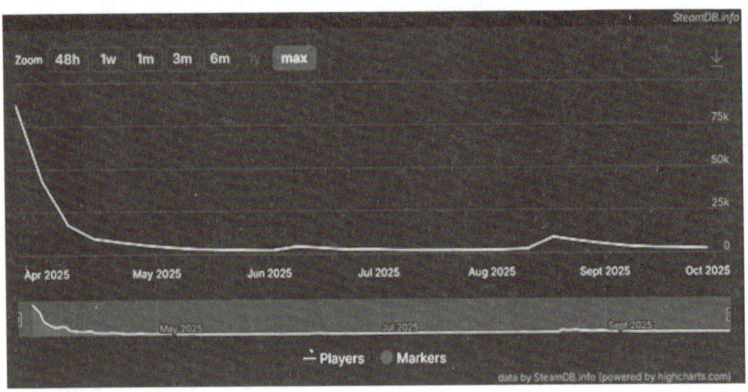

[그림 9-1] 출시 이후 〈인조이〉의 동시접속자 추이(2025.10.05.)[1]

〈인조이〉는 라이브 서비스 게임으로 기획되었다. 이는 대규모 IMC(Integrated Marketing Communication)를 통해 텐트폴 흥행을

1 출처: steamdb.info 〈inZOI〉

겨냥하는 패키지 게임과는 근본적으로 다른 목적지를 향하고 있다는 의미다. 물론, 라이브 게임에서도 텐트폴 흥행과 유사한 그래프가 나타나기도 한다. 그러나 라이브 서비스를 운영하는 게임사에서는 동시접속자의 최고점과 최저점의 낙차를 계산하여 기대할 수 있는 롱테일과 회복이 가능한 유저의 수를 지속적으로 업데이트하는 등 게임의 지속가능성을 예측하기도 할 만큼 지속적인 흥행은 라이브 서비스 게임의 중요한 목표다. 그러나 〈인조이〉의 급격한 이용자 이탈은 싱글 플레이 기반 라이브 서비스 게임이라는 점을 감안해도 이례적으로 가파른 감소세로, 초반 흥행만 놓고 '성공'했다고 평가하긴 어렵다는 지적(윤휘종)까지 나왔다. 이러한 현상은 〈인조이〉가 의도치 않게 텐트폴 흥행을 한 것은 아닌지, 그리고 이 게임이 과연 어떤 도전이었는지 되돌아보게 만든다. 〈인조이〉에 대한 관심이 왜 이토록 급격하게 식었는지 이해하기 위해서는, 이 게임이 마케팅 소구점으로 무엇을 내세웠는지부터 천천히 살펴볼 필요가 있다.

〈인조이〉는 초창기부터 "몰입감을 높이는 사실적인 그래픽과 디테일 하고 깊이 있는 시뮬레이션을 통해 예상치 못한 상황을 맞닥뜨리며 사실적이고 다양한 삶의 이야기를 만들 수 있는 시뮬레이션 게임"이라는 로그라인으로 소개되었다. 플레이어들이 주목한 것은 '몰입감을 높이는 사실적인 그래픽과 디테일 하고 깊이 있는 시뮬레이션'이었으며, 이는 실제로 〈인조이〉가 전면에 내세운 인게임 요소였다. 언리얼 엔진 5를 기반으로 구현된 사실적인 그래픽과 물리 엔진은 확실히 시선을 사로잡기에 충분했다. 하지만 인조이가 궁극적으로 지향하는 핵심 요소는 '예상치 못한 상황을 맞닥뜨리며 사실적이고 다양한 삶의 이야기를 만들 수 있는 시뮬레이션'으로 보인다. 이러한 방향성은 인생 시뮬레이션 장르의 개척자이자, 이 장르의 절대적 기준으로 20년 이상 군림해 온 〈심즈〉 시리즈와는 분명히 다른 차별점을 만드는 요소였다. 〈심즈〉가 플레이어에게 신적 관점에서 캐릭터를 직접 통제하는 권한을 부여했다면, 〈인조이〉는 플레이어를 관찰자의 위치에 더 가깝게 배치했다.

〈인조이〉는 플레이어가 시스템에 특정 변수를 입력하고, 그로 인해 발생하는 '예상치 못한 상황'과 '다양한 삶의 이야기' 를 한 발짝 떨어진 관객의 시점에서 관람하는 게임을 만들려는 도전이었다고 평가할 수 있다. 〈인조이〉는 플레이어가 콘솔을 조종하되 그 결과를 관객으로서 관람하는, 일종의 인터랙티브 시네마에 가까운 경험을 지향하게 될 가능성이 크다. 플레이어는 조종가능한 캐릭터 '조이'의 삶에 개입할 수 있지만, 그 개입의 결과는 예측 불가능한 방식으로 전개된다. 이 점에 있어 〈인조이〉의 플레이어는 조종자이며, 동시에 관객이 된다. 이러한 방향성은 어떤 의미를 내포하고 있는가? 그리고 지난 수십 년간 K-콘텐츠 산업의 가장 확실한 돈벌이 수단이었던 '게임 한류'의 자장 안에서 이 시도를 어떻게 평가해야 할까? 이 질문에 답하기 위해서는 먼저 한국 게임산업의 역사적 맥락을 짚어볼 필요가 있다.

한국형 MMORPG로부터 가장 멀리

결론부터 이야기하면, 〈인조이〉는 그간 한국의 게임 개발사들이 만들어왔던 '한류 게임'과는 가장 멀리 떨어져 있는 게임 중 하나다. 이러한 거리감은 단순히 장르적 차이를 넘어서, 게임이 추구하는 근본적인 가치와 플레이어와의 관계 설정에서 비롯된다.

한국의 게임사들은 지난 25년간 글로벌 게임시장에 주로 MMORPG를 판매해 왔으며, 이는 모바일과 캐주얼 게임 및 서브컬처 게임 이외에 PC와 콘솔에서만 플레이할 수 있는 '하드코어 게임' 시장에서도 오늘날까지 이어지고 있는 지배적 흐름이다. 한국 게임의 전통적 강호로 불리는 '넥슨' '넷마블' '엔씨소프트' 이른바 3N을 포함하여 크래프톤과 스마일게이트 같은 신흥 강자까지, '하드코어 게임'으로 분류할 수 있는 대표작들은 모두 MMORPG 장르의 자장 아래에서 개발되고 플레이되었다. 심지어 배틀로얄 장르로 성공을 거둔 크래프톤의 〈배틀그라운드〉조차도 그 경쟁 구조와 보상 체계에서 MMORPG의 DNA를 완전히 벗어나지는 못했다.

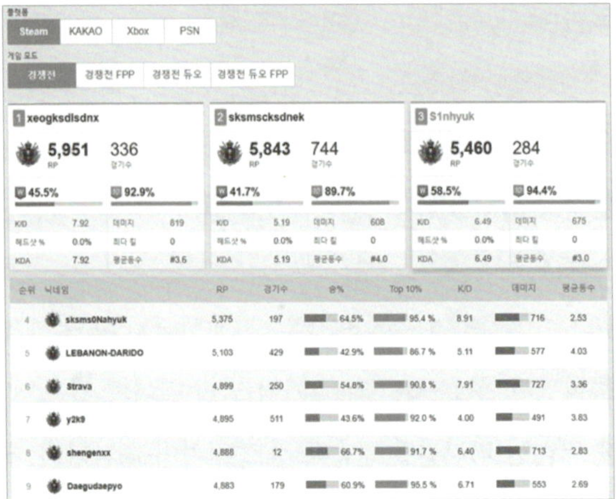

[그림 9–2] 〈배틀그라운드〉의 리더보드(2025.10.05.)[2]

'한국형 MMORPG'로 분류할 수 있는 가장 대표적인 게임은, 많은 한국 플레이어에게 애증의 대상이 된 〈리니지〉다. 1998년 출시된 이래로 〈리니지〉는 한국 게임산업의 궤적을 결정짓는 이정표가 되었다. 오늘날 〈리니지〉는 '한국형 MMORPG' 병폐의 종합판으로 평가받고 있지만, 역설적으로 한국 게임 개발사를 포함해 한국의 게임 생태계에 〈리니지〉만큼 큰 영향을 준 게임도 찾아보기 힘들다. 〈리니지〉는 '소득비례형 BM(Business Model)'이라고 불릴 만한 구성을 통해 P2W(Pay to Win) 생태계를 '혈맹', '공성전', 캐릭터 간 중첩을 허용하지 않는 독특한 레벨 디자인을 통해 극단적으로 증폭시켰다. 이는 착취에 가까울 정도로 강력한 몰입을 제공하는 게임 커뮤니티를 구성하는 바탕

2 출처: OP.GG 〈배틀그라운드〉

이 되었다. 〈리니지〉의 게임 커뮤니티 중심에는 캐릭터 리더보드를 바탕으로 한 철저한 계급 사회가 존재하는데, 이는 한류 게임의 정체성에 강력한 빛과 그림자를 동시에 남겼다.

이러한 영향력은 게임 매체가 모바일로 전환되던 2010년대에도 지속되었다. 위메이드의 〈애니팡〉 역시 리더보드를 중심으로 커뮤니티를 형성했으며, F2P(Free to Play)를 P2W와 결합하여 새로운 게임 사업 모델을 제시한 넥슨 역시 2010년대부터 대표작 〈메이플 스토리〉를 리더보드 중심의 커뮤니티로 재편하는 움직임을 보였다. 심지어 최근 글로벌 성공을 거둔 시프트업의 〈니케〉 역시 완전히 다른 장르임에도 불구하고 경쟁과 수집이라는 한국형 게임의 DNA를 어느 정도 내재하고 있다. 리더보드 중심의 게임 커뮤니티는 플레이어에게 가시적인 목적성과 즉각적 보상과 처벌을 제시하며 강력한 몰입감을 제공한다. 게임사 입장에서 리더보드는 소셜 스코어링과 같은 사회공학적 조작과 설계를 가능하게 만들어주는 효과적인 바탕이 되었다. 하지만 리더보드가 제공하는 몰입감은 때로 착취에 가까웠으며, 이는 좋든 싫든 오늘날 '팬덤'이라는 이름으로 한국 게임산업의 기반과 기틀을 마련했다.

리더보드 중심의 게임 커뮤니티를 어떻게 극복할 것인지는 오늘날까지도 한국의 많은 게임 개발사의 숙제로 남아 있다. 이 숙제를 풀기 위해 엔씨소프트 출신의 게임 개발자들 역시 새로운 가능성을 탐색하기 시작했다. 크래프톤 역시 그중 하나였으며, 〈블레이드 앤 소울〉의 아트디렉터였던 김형태가 창립한 시프트업처럼 한국의 게임산업계는 각자의 방식으로 한국형 게임의 한계를 넘어서려는 시도를 지속해 왔다. 〈인조이〉가 관람하는 게임을 제시하는 것 역시 리더보드 중심의 커뮤니티를 극복하기 위한 과정 중 하나로 보이며, 실제로 〈인조이〉는 리더보드 중심의 커뮤니티에서 가장 멀리 떨어진 게임이기도 하다. 가령, 〈인조이〉가 핵심 게임 시스템으로 내세우는 '카르마 시스템' 역시 리더보드가 제공하는 랭킹 시스템으로부터 의도적으로 멀어지려는 설계로 볼 수 있다.

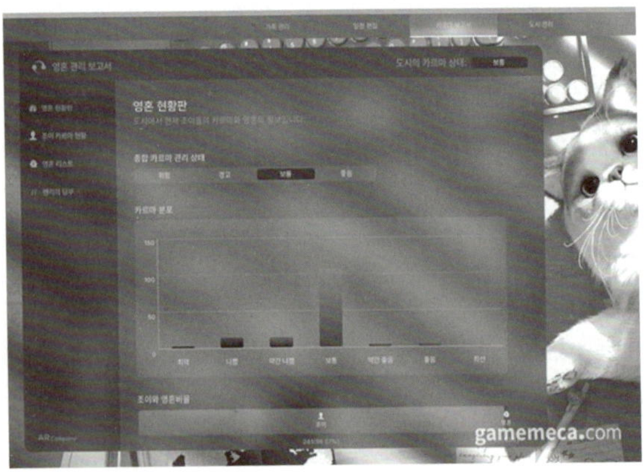

[9–3] 〈인조이〉의 카르마 시스템[3]

크래프톤이 〈인조이〉의 핵심 요소로 내세우는 '카르마 시스템'은 플레이어가 조종하는 '조이'의 행동에 따른 결과를 '평판'

3 출처: 게임메카, www.gamemeca.com/view.php?gid=1759467

으로써 인게임 요소에 반영시키는 일종의 소셜 스코어링이다. 그러나 이는 다른 플레이어와의 경쟁을 위한 것이 아니라, 게임 내 NPC들과의 관계 형성과 스토리 전개에 영향을 미치는 내러티브 장치에 가깝게 기능한다. 더불어 '관람하는 게임'이라는 레벨 디자인은 카르마 시스템을 인게임 밖의 요소로 작동하기 어렵게 만들며, 궁극적으로는 게임을 벗어난 사회적 압력으로도 전환하기 어렵다. 결국 〈인조이〉는 경쟁보다는 '보고 싶은 것을 인풋 요소로 시스템에 반영하여, 원하는 결괏값을 도출할 수 있는 구성을 찾는' 시뮬레이션의 본질에 가깝게 게임을 구성해 보려는 시도다. 폐쇄회로에 가까운 레벨 디자인으로 인생 시뮬레이션 플레이 요소를 제공하려는 접근은, 한국 게임이 지난 25년간 구축해 온 문법과는 반대의 지점에 서 있다.

PiE라는 난해한 야누스

〈인조이〉는 라이브 서비스 게임에서 리더보드로부터 자유로운 플레이를 제공하려 한다는 점에서, 한국 게임사로서는 이례적이며 새로운 도전으로 평가할 수는 있다. 그러나 새로운 도전이라고 해서 반드시 긍정적인 평가로 이어지는 것은 아니며, 흥행 추이가 입증하듯 여전히 수많은 구조적 문제를 안고 있다. 특히 〈인조이〉는 '앞서 해보기(Early Access)' 공개 이후 지속적으로 콘텐츠 부족에 시달리고 있는데, 이는 단순한 개발 속도의 문제가 아니라 게임 설계의 근본적인 모순에서 비롯된 것으로 보인다. Player in Environment(이하 PiE)[4]로 플레이 환경을 제공하는 것은 높은 기술력을 요구하는 야심찬 시도지만, 동시에 해결하기 어려운 디자인적 난제들을 내포하고 있다.

가장 먼저, 〈인조이〉는 레벨디자인 단계에서부터 PiE를 추구하고 있으나, AI의 구동이 쾌적하다고 평가하기 어려운 수준이다. 〈인조이〉에는 플레이어가 즐길 수 있는 다양한 탈것과 상호작용이 마련되어 있지만, 그 성능과 완성도는 CDPR의 〈사이버펑크 2077〉보다 못하거나 유사한 수준에 머물러 있다. 물론 〈사이버펑크 2077〉이 출시 이후 수많은 패치를 통해 개선된 점을 생각해 본다면, 〈인조이〉의 기술적 성취를 성과로 평가할 수도 있다. 하지만 차량 물리 엔진의 부자연스러움, NPC들의 경직된 반응, 빈번한 클리핑 오류 등은 게임의 몰입감을 저해하는 주요 요인이다. 이는 시뮬레이션을 통해 관람하는 재미를 추구하는 〈인조이〉에게는 치명적인 버그다.

더욱이 〈사이버펑크 2077〉은 강력한 내러티브 드라이브가 구성된 액션 RPG로, 플레이어가 어떤 방식으로든 버그에 대해 의미를 부여하거나 재미를 찾아낼 가능성이 있다. 반면 〈인조이〉는 AI가 구동하는 것을 관람하는 것 자체가 플레이의 핵심

4 플레이어가 게임 내 환경(몬스터, 자연, 시스템 등)과 상호작용하며 진행하는 모드 또는 플레이 방식이다.

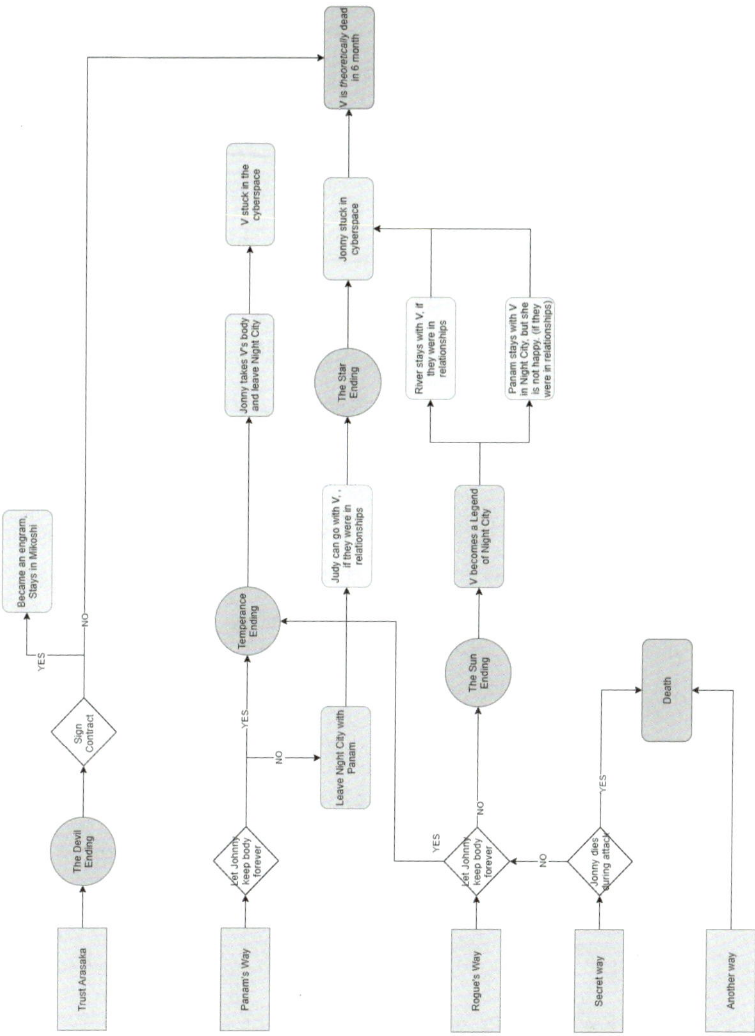

[그림 9–4] 〈사이버펑크 2077〉 스토리보드[5]

5 출처: 레딧, 〈hatassska〉
www.reddit.com/r/LowSodiumCyberpunk/comments/kjzqrd/i_made_a_block_scheme_of_all_endings_in_cyberpunk/?tl=ko

소구점이기 때문에, AI 성능은 곧 게임의 품질로 직결된다. 조이들이 AI와 상호작용 오류로 상황에 맞지 않는 감정을 표현하거나 게임 환경이 오작동하는 것은 단순한 기술적 오류를 넘어 게임의 존재 이유 자체를 훼손하는 문제다. 크래프톤 역시 이러한 한계를 인지했는지, 모드 킷 서비스인 '모딩'을 적극적으로 지원하고 있다. 실제로 일부는 게임의 근본적인 문제점들을 개선하는 데 기여하고 있다. 그러나 유저에게 기댄 패치는 표준으로 삼기 어렵다는 분명한 한계가 있다. 모든 플레이어가 모딩에 익숙한 것도 아니며, 모드 간의 충돌이나 게임 업데이트로 인한 호환성 문제 등은 유저 패치 자체가 또 다른 진입장벽이 될 가능성도 있다.

더욱이 유저가 모드 킷을 활용하는 방식은 종종 기상천외하고 예측 불가능하다. 유저가 게임의 핵심 요소인 '카르마 시스템'을 우회하거나, 상호작용이 가능한 AI의 행동 패턴을 완전히 재정의하는 것도 이론적 차원에서 가능하다. 이는 〈인조이〉가 강력한 보안 환경 아래 있어야 한다는 것을 의미하지만, 동시에 강력한 보안은 모딩의 자유도를 제한하는 딜레마를 낳는다. 이러한 모순은 개발 환경에도 영향을 미친다. 개발자들은 보안을 위해 수많은 제약을 등에 지고 콘텐츠를 생산해야 하며, 제약 아래서 생산된 콘텐츠를 재미 요소로 연결해야 하는 이중 과제를 마주하게 될 가능성이 크다. 개발자에게 주어진 이러한 콘텐츠 생산의 환경은, 개발이 지연될 수밖에 없는 요소로 작용할 가능성이 크고, 이는 플레이어들이 요구하는 업데이트 속도를 맞추지 못하는 결과로 이어질 수 있다.

만약 〈인조이〉가 이러한 구조적 문제에 대한 충분한 고민 없이 출시를 서둘렀다면, '앞서 해보기' 공개는 지나치게 이른 시점이었을 수 있다. 실제로 첫 번째 DLC가 공개되기까지 5개월이라는 시간이 걸렸으며, 그 사이 플레이어들은 이미 게임을 떠났다. DLC 자체는 새로운 맵과 활동들을 제공했지만, 근본적인 게임플레이의 문제를 해결하지는 못했다. 더불어 시뮬레이션 관람에 방점이 찍혀있는 플레이 설계의 특성상, 콘텐츠의 생산 속도를 획기적으로 개선하지 않는 이상 플레이어의 관심을 지속시키기 어렵다는 점 역시 난관이다. 관람의 재미는 새로운 상황과 이야기가 계속 생성될 때 유지되는데, 현재의 〈인조이〉는 이러한 다양성을 충분히 제공하지 못하고 있다.

[그림 9-5] 〈인조이〉 '공중 부양' 버그[6]

이를 개선하기 위해서는 단순히 맵을 추가하고 퀘스트나 수

6 출처: 유튜브 〈뉴트로의 게임 세상〉 www.youtube.com/watch?v=9lmwoW68PW0

집물을 늘리는 것 이상의 근본적인 접근이 필요하다. PiE는 구성 요소의 결과를 실시간으로 확인해 볼 수 있다는 장점이 있으며, 크래프톤은 이를 더욱 적극적으로 활용해야 한다. 예를 들어, 공동 작업이 가능한 사회를 구성할 수 있는 협동 플레이 모드를 추가하거나, 게임 외부의 포럼 기능을 확장하여 플레이어들이 자신의 이야기를 공유하고 상호작용할 수 있는 메타 게임 요소를 강화할 필요가 있다. 실제로 커뮤니티에서는 흥미로운 플레이 사례도 나타나고 있다. 한 초등학생이 모딩을 통해 조이가 차에 치이는 사고를 당하는 버그를 수정한 사례(김미희)는 게임이 가진 잠재력을 보여준다. 크래프톤은 이러한 사례들을 적극 활용하여, 플레이어들이 게임의 공동 창작자가 될 수 있는 메타적 생태계를 구축해야 한다.

'테크 데모'라는 별칭을 넘어서

앞서 언급한 한계들로 인해 〈인조이〉는 종종 '테크 데모'라는 다소 신랄한 평가를 받곤 한다. 이는 뼈아픈 지적이지만 동시에 적확한 평가이기도 하다. '테크 데모'라는 별칭은 〈인조이〉가 기술적 성취에 비해 게임으로서의 완성도가 부족하다는 한계를 명확히 드러낸다. 그러나 〈인조이〉가 AI와 차세대 그래픽 엔진 등 대규모 신기술이 집약된 값비싼 게임 장치라는 점을 고려한다면, 이를 단순히 오명으로만 치부할 필요는 없어 보인다. 신기술은 언제나 인류에게 큰 관심과 호기심을 불러일으키는 소재였으며, 〈인조이〉의 초기 성과 역시 이러한 신기술에 대한 대중의 관심을 바탕으로 이룩한 것이라는 점은 부정하기 어렵다.

게임 이전에 20세기 미디어의 패권을 주도하며 매체 예술사를 이끌었던 영화 역시 신기술에 대한 지대한 관심을 바탕으로 성장해 왔다. 영화학자 토마스 앨세서(Thomas Elsaesser)는 기술이 주도했던 초기 영화를 비평하며, 신기술에 매혹된 초기 관객들이 '루브(rube)'라고 불렸던 역사적 맥락에 주목한 바 있다. '루브'는 영화에 광적으로 반응하던 군중을 '촌뜨기'라고 낮춰 부르던 경멸적 호칭이었지만, 앨세서는 오히려 이들의 존재가 영화라는 매체의 본질을 드러낸다고 보았다. 그는 "이미지에 대한 관객의 순진한 믿음이 곧 영화의 작동 원리"라고 지적(Elsaesser)하며, 기술에 대한 매혹이 새로운 예술 형식을 탄생시키는 원동력이 되었음을 강조했다. 〈인조이〉 역시 게임이 단순히 놀이 수단을 넘어, 세계를 파악하고 경험할 수 있는 도구가 될 수 있을 것이란 순진하면서도 원대한 믿음 위에 서 있다. 언리얼 엔진 5의 나나이트(Nanite)와 루멘(Lumen) 시스템을 통해 구현된 사실적인 조명과 그림자, 실시간 레이트레이싱으로 표현된 반사와 굴절, 그리고 물리 기반 렌더링으로 재현된 재질감은 분명 높은 기술적 성취다. 이러한 기술들이 결합되어 만들어내는 시각적 스펙터클은 〈인조이〉가 플레이어들에게 관람만으로도 소구점을 제공할 수 있으리라는 자신감이기도 하다.

최근 게임산업 분석가 크리스 주코프스키(Chris Zukowski)는 스팀의 성공 요인을 분석하며 도발적인 주장을 펼쳤다. 그는 "돈을 무책임하게 쓰는 주정뱅이 선원들"이 오늘날의 스팀 게임시장을 만들었다고(Alan Wen) 주장했는데, 이는 표면적으로는 조롱처럼 들리지만 실제로는 게임 소비자들의 열정과 모험정신을 역설적으로 표현한 것이다. 그가 말하는 '비합리적인 소비자'들은 완성도보다 가능성을, 안정성보다 혁신을 선택하는 얼리어댑터들이며, 이들이 있었기에 인디 게임부터 AAA 타이틀까지 다양한 실험이 가능했다는 것이다.

한편으로 이들은 오늘날의 '루브'들일 수 있다. 그들에게는 '이미지에 대한 관객의 순진한 믿음'만큼이나 순수한 '게임에 대한 플레이어의 순진한 기대'가 있다. 〈인조이〉의 초기 구매자들 역시 마찬가지일 것이다. 5시간을 기다려 게임을 체험하고, 크리에이티브 스튜디오에서 수십만 개의 UGC를 만들어낸 그들의 열정은 단순한 소비 행위를 넘어선 문화적 참여였다. 〈인조이〉가 사치스러운 시도일 수는 있다. 그러나 그 사치스러움의 바탕에는 게임이라는 매체에 대한 근본적인 질문과 순진한 믿음이 있다. 인생 시뮬레이션이라는 장르가 단순히 가상의 인형놀이가 아니라, 삶의 복잡성과 우연성을 탐구하는 철학적 도구가 될 수 있다는 믿음. AI가 단순한 스크립트 실행자가 아니라, 예측 불가능한 내러티브를 생성하는 창작의 파트너가 될 수 있다는 믿음. 그리고 플레이어가 통제자가 아닌 관찰자가 되었을 때, 오히려 더 깊은 몰입과 성찰이 가능하다는 믿음 등이 〈인조이〉라는 사치스러운 도전을 가능하게 만들었을 것이다.

〈인조이〉는 언제든 볼 수 있는 거대 퍼플리셔의 흔한 돈낭비가 아니다. 한국 게임산업이 25년간 구축해 온 성공 공식을 의도적으로 거부하고, 검증되지 않은 새로운 길을 선택한 것은 상당한 용기가 필요한 결단이다. 특히 라이브 서비스 게임시장의 극한 경쟁 속에서 리더보드와 경쟁을 배제한 게임을 만든다는 것은 무모한 일일 수 있다. 그러나 플레이어로서, 게임 플레이어로서, 이러한 도전 자체만으로 충분한 가치가 있다고 믿는다. 〈인조이〉를 평가하는 것은 복잡한 작업이다. 〈인조이〉를 실패 사례로 평가하는 일은 손쉬운 일이다. 100만 장의 초기 판매량에도 플레이어 리텐션에 실패했고, 기술적 완성도는 기대에 미치지 못했으며, 콘텐츠 업데이트는 지연되고 있다. 다른 한편으로, 〈인조이〉는 한국 게임산업사에서 중요한 전환점이 될 수 있는 작품이다. 한국 시장 내에서 새로운 게임산업 문법을 제시하려는 야심 찬 시도이며, 비록 그 시도가 아직 완전한 성공을 거두지는 못했지만, 플레이어와 게임 세계의 관계를 재정의하려는 야심 역시 갖추고 있다.

크래프톤이 앞으로 어떤 선택을 할지는 지켜봐야 할 일이다. 서비스의 생존이 걸린 상황을 마주하며 그간 한국 게임산업이 다져놓았던 과거의 게임 요소들로 회귀할 수도 있고, 아니면 비전을 끝까지 밀고 나갈 수도 있다. 첫 시도가 완벽할 필요는 없다. 중요한 것은 누군가가 첫발을 내디뎠다는 사실이며, 그 발걸음이 다른 이들에게 영감을 주고 새로운 길을 열 수 있다는 가능성이다. 〈인조이〉가 비록 상업적 성공을 거두지 못하더라도, 한국 게임산업이 새로운 단계로 도약하는 데 필요한 촉매제 역할을 했다면, 그것만으로도 충분한 의의가 있을 것이다. 〈인조이〉는 이러한 가능성을 탐구하는 하나의 실험이며, 우리는 그로부터 무언가를 배울 수 있을 것이다. 그리고 그것이야말로, 진정한 의미에서의 '게임 한류'가 나아가야 할 방향일지도 모른다.

PART 2

한국 게임이 산업에 미친 영향과 흥행작 〈인조이〉가 게임 문화에서 차지하는 입지

겐기스 후사메딘*

게임산업에서 한국 게임 개발의 위상은 아직 제대로 정립되지 못했다. 이는 필자가 성장기 동안 수많은 한국 MMORPG를 즐기며, 때로는 감탄과 동시에 좌절감을 경험했던 개인적 체험에 기반한 견해이기도 하다.

한국 게임은 오랜 기간 자신들의 강점을 알려온 장르 전반에서 독창적인 작품들을 선보여왔으며, 동시에 전 세계 이용자들의 게임 접근성을 높이는 데에도 중요한 역할을 해왔다. 최근 크래프톤이 신작 〈인조이(inZOI)〉를 통해 '돌하우스' 인생 시뮬레이션 장르에 도전한 것은, 한국 게임산업의 현재를 다시 바라보게 만든 계기였다. 이 장르는 그동안 일렉트로닉 아츠(Electronic Arts)의 대표작 〈심즈(The Sims)〉가 사실상 독점해 온 시장이다.

* Genghis Husameddin, XboxEra 게임 평론가.

그러나 〈인조이〉는 혁신적인 시스템, 이용자 친화적 가격 정책, 플레이어 피드백을 적극 반영하는 개발 철학을 바탕으로, 글로벌시장에서 〈심즈〉의 아성을 위협할 잠재력을 지니고 있다.

이 지점에서 우리는 한국 게임산업의 혁신을 가능하게 한 개발 환경이 어떤 특성을 갖고 있으며, 그것이 〈인조이〉의 방향성에 어떤 영향을 미쳤는지를 함께 살펴볼 필요가 있다.

서구의 시선으로 본 한국 게임산업

한국의 대표적 퍼블리셔 넥슨(Nexon)이 선도한 부분 유료화(Free-to-Play, 이하 F2P) 모델은 게임산업 혁신의 핵심 동력으로 작용해 왔다. 1990년대 후반부터 2000년대 초반까지 넥슨은 기본적으로는 무료로 즐길 수 있는 게임을 제공하면서, 플레이어가 의상·메이크업 등 치장용 아이템이나 게임 진행을 돕는 부스트 아이템을 구매하도록 유도하는 구조를 구축했다.

대다수 이용자가 '소액결제(microtransactions)' 상품을 구매하지 않았음에도, 일부 이용자의 결제만으로도 F2P는 충분한 수익성을 확보할 수 있었다. 이러한 구조는 게임에 접속할 수 있는 누구에게나 동일한 출발선을 제공함으로써, 결과적으로 방대한 이용자층을 형성하게 했다.

2000년대 이후 PC, 콘솔, 모바일 등 다양한 플랫폼을 기반으로 한 게임들은 플레이어에게 제공하는 구성 요소를 끊임없이 변주해 왔다. 그 대표적인 사례가 바로 '가챠(Gacha)' 모델의 도입이다. 이 모델은 기존 F2P 게임의 표준적 소액결제 방식을 유지하면서도, 플레이가 가능한 캐릭터나 장비 등 핵심 요소를 '카지노식' 확률형 뽑기 시스템을 통해서만 획득할 수 있도록 설계된 결제 구조다.

타입문(Type-Moon)의 〈페이트/그랜드 오더(Fate/Grand Order)〉와 호요버스(HoYoverse)의 〈원신(Genshin Impact)〉은 이 모델의 대표적 성공 사례로 꼽힌다. 그러나 가챠 게임의 폭발적인 인기에도 불구하고, 게임산업의 근간을 이루는 경제 구조 자체는 본질적으로 큰 변화를 겪지 않았다. 오히려 수십 년이 지난 지금도 치장용 아이템 판매는 여전히 F2P 모델의 핵심 수익원으로 작동하며, 그 영향력은 모바일 게임시장 전반으로 확산되고 있다. 이 문제는 뒤에서 좀 더 자세히 다루겠다.

한편, 아시아 시장에서의 폭발적인 성공은 서구 게임 개발자들에게 일정한 난제로 작용했다. 2000년대 초반, 서구 개발자들 역시 F2P 시장에 진출을 시도하며 나름의 성과를 거두었지만, 그 결과는 제한적이었다. 영국의 제이젝스(Jagex)가 개발한 장수 MMORPG 〈룬스케이프(RuneScape)〉를 비롯해, 〈하보 호텔(Habbo Hotel)〉, 〈좀비 온라인(zOMG!)〉, 〈클럽 펭귄(Club Penguin)〉 등 다양한 채팅 기반 게임들이 그 예로 꼽힌다.

이러한 작품들은 쉬운 접근성과 폭넓은 게이머층의 취향을 충족시킨 다채로운 수익 모델 덕분에 일정한 성공을 거둘 수 있었다(Kushner). 그러나 대부분의 서구 타이틀은 당시 한국 개발사들이 퍼블리셔를 중심으로 급성장시키던 F2P 모델과 달리, 여전히 수익 창출의 상당 부분을 정기 구독(subscription) 구조에 의존했다.

[그림 10-1] 넥슨은 F2P 상업 전략과 더불어 독창적이고 위험 부담이 큰 게임 아이디어를 채택한 것에 힘입어, 수십 년간 게임 분야의 선구자 역할을 해왔다.[1]

전 세계 많은 플레이어는 이 같은 유형의 게임을 한국산 작품을 통해 처음 경험했다. 물론 다수의 이용자가 이러한 게임과 함께 좋은 추억을 쌓았을 것이다. 필자 역시 학창 시절 〈컴뱃암즈(Combat Arms)〉와 〈마비노기(Mabinogi)〉를 열심히 즐긴 기억이 있다. 그러나 동시에, 당시 게이머들 사이에서는 한국 MMO에 만연했던 노골적인 과금 구조를 조롱하거나 풍자하는 문화 또한

1 출처: Genghis Husameddin

흔히 발견되었다.

홍미로운 점은, 글로벌 온라인 커뮤니티에서 공통적으로 관찰되는 인식이다. 동시대 다른 게임들과 비교할 때 한국산 게임은 화려한 비주얼, 독창적인 기능, 세련된 전투 시스템 등 여러 장점을 갖추었음에도, 인게임 상점에서 판매되던 '부스트(boost)' 아이템에 대해서는 일종의 거부감이 형성되었다는 것이다. 부스트를 구매하지 않으면, 금전적 지불을 통해 캐릭터의 성장이나 무기 획득 속도를 단축한 이용자에 비해 목표 달성에 훨씬 많은 시간을 투자해야 했기 때문이다. 결과적으로 한국의 MMORPG와 1인칭 슈팅 게임은 점차 '페이투윈(Pay-to-Win)'이라는 용어와 사실상 동의어로 받아들여지게 되었다.

이러한 인식은 아시아권 게임 전반에 걸쳐 나타났지만, 특히 한국 개발사들에게 더 불리하게 작용했다. 서구권 플레이어가 인지도가 높은 한국 게임을 직접 플레이하지 않는 한, 다른 경로로 한국 게임을 접할 기회는 거의 없었기 때문이다. 한국의 게임 산업은 막대한 규모를 자랑했음에도 불구하고, 그 성공의 대부분이 온라인 중심 게임에 집중되어 있었으며, 제작·유통되는 싱글 플레이어 게임은 거의 존재하지 않았다. 간혹 닌텐도 DS용 〈메이플스토리(MapleStory)〉처럼 일부 사례가 있더라도, 대부분 글로벌시장으로 확장되지는 못했다. 결과적으로 많은 서구 이용자에게 한국 개발사는 '페이투윈 MMO 제작사'라는 인상으로 고착되었고, 이 이미지는 오랜 시간 쉽게 벗어날 수 없었다.

[그림 10-2] 모바일 게임은 그 자체의 독자적인 생태계에 머물러 있지만 산업의 수익 차트를 지배하고 있으며, 이는 업계의 다른 분야들 역시 마찬가지다.[2]

그러나 지난 10년간 이러한 인식에는 뚜렷한 변화가 일어났다. 앞서 언급했듯, 오늘날의 게임산업은 2015년 무렵과 비교할 때 전혀 다른 양상을 보인다. 특히 모바일 부문은 F2P 모델을 기반으로 폭발적으로 성장하여, 수익 규모 면에서 이미 콘솔 시장을 훨씬 앞질렀다. 그 결과 한국은 2017년 세계 4위 규모의 모바일 게임시장으로 부상했다. 이제 그 어느 때보다 많은 이용자가 터치스크린을 통해 게임을 즐기고 있다(Nam and Kim).

한국의 게임 개발사들 역시 이러한 변화에 기민하게 대응했다. 기존 인기 MMO 타이틀을 모바일로 이식하는 한편, 모바일 중심의 새로운 IP를 성공적으로 창출해낸 것이다. 그 대표적 사례로 넥슨과 아이오 디비전(IO Division)의 〈블루 아카이브(Blue

2 출처: Genghis Husameddin, 등장 게임: 〈델타 포스〉, 〈블루 아카이브〉

Archive)〉는 온라인 애니메이션 및 게임 커뮤니티에서 독자적인 문화적 시대정신(zeitgeist)을 형성하며 강력한 팬덤을 구축했다.

그러나 배경에서 진행된 변화는 이뿐만이 아니었다. 한국 퍼블리셔들은 서구권 개발사에 대한 전략적 투자를 확대하는 한편, 보다 넓은 글로벌시장을 겨냥한 고품질 PC 및 콘솔 타이틀을 직접 개발하기 위해 사내에 대규모 스튜디오를 설립하기 시작했다. 시프트업(SHIFTUP)의 〈스텔라 블레이드(Stellar Blade)〉와 네오위즈(NEOWIZ)의 〈P의 거짓(Lies of P)〉은 이러한 변화의 대표적 성과로, 서구권 시장에서 두각을 나타내며 주류 미디어 내에 한국 게임에 관한 새로운 담론을 형성하는 계기가 되었다. 나아가 펄어비스(Pearl Abyss)의 기대작 〈붉은사막(Crimson Desert)〉 등 향후 출시 예정작들을 통해, 이러한 흐름은 앞으로 더욱 가속화될 것으로 보인다.

하드코어 게이머층을 겨냥한 액션 중심의 주류 게임들과 달리, 업계 내에서 상당한 비중을 차지하는 또 다른 장르가 있다. 바로 전 세계 5억 명 이상이 즐기는 인생 시뮬레이션, 이른바 '돌하우스(dollhouse)' 게임이다(Stone and Ring). 최근 한 대형 퍼블리셔가 선보인 신작은 이 장르의 판도를 뒤흔들며, 업계 전반에 적지 않은 영향을 미치고 있다. 나아가 해당 작품은 향후 플레이어의 기대 수준과 개발자의 콘텐츠 제공 방식을 장기적으로 변화시킬 잠재력을 지닌 것으로 평가된다.

[그림 10-3] 〈인조이〉는 사실적인 비주얼을 갖춘
고도로 발전된 인생 시뮬레이션 타이틀임을 내세운다.[3]

〈인조이〉의 매력과 성공 요인

대형 비디오 게임 퍼블리셔 크래프톤은 이미 탄탄한 개발 역량과 노하우를 보유하고 있다. 과거 이들이 선보인 다수의 타이틀은 앞서 언급한 MMORPG 장르에 속했다. 그러나 최근 크래프톤은 전 세계 개발사들의 퍼블리싱을 지원하는 동시에, 싱글 플레이어 시장을 겨냥한 고품질 타이틀을 직접 제작하는 방향으로 전략을 전환했다. 그 대표적 사례가 바로 〈인조이〉다.

이 게임에서 플레이어는 '조이(Zoi)'라는 캐릭터를 창조하고, 그의 삶을 직접 이끌어간다. 조이는 일하고, 학교에 다니며, 사랑을 찾고, 때로는 불행한 결말을 맞이하기도 한다. 이처럼 '인조이'가 속한 인생 시뮬레이션 장르가 대중적 인기를 얻는 이유

3 출처: KRAFTON

는 명확하다. 많은 플레이어가 현실에서는 실현할 수 없는 자신만의 '경험적 서사(experiential narratives)'를 구축하거나, '만약(what if)'의 가상 시나리오를 상상하는 과정을 즐기기 때문이다. '인조이'는 이러한 욕망을 게임 세계의 규칙이라는 경계 안에서 구현한다. 플레이어는 그 안에서 현실의 자유와 자유의지의 개념을 확장하며, 자신만의 방식으로 즐거움을 발견하게 된다(Montes and Campbell).

필자는 과거 〈인조이〉를 높이 평가한 바 있으며, 지금도 틈틈이 플레이하고 있다. 상호작용과 배경 메커니즘이 플레이어의 상황에 직접적인 영향을 미치는 시뮬레이션적 요소를 선호하는 필자에게 〈인조이〉는 일렉트로닉 아츠(Electronic Arts)의 〈심즈(The Sims)〉 프랜차이즈가 사실상 독점해 온 인생 시뮬레이션 시장에 신선한 활력을 불어넣는 작품이었다.

흥미로운 점은 기존 강자의 자리를 위협하는 도전자가 기술과 게임 분야에 막대한 투자를 아끼지 않는 또 다른 거대 기업 크래프톤이라는 사실이다. 이는 역설적이지만, 오늘날 게임산업의 구조를 단적으로 보여준다. 앞서 언급했듯이, 게임 개발 비용은 이미 천정부지로 치솟았으며, 규모 있는 인디 타이틀조차 수백만 달러의 제작비가 소요되는 현실이다. 이러한 상황에서 인디 개발사가 '심즈'와 같은 대형 프랜차이즈와 정면으로 경쟁하는 것은 사실상 불가능에 가깝다.

[그림 10-4] 〈인조이〉는 폭넓은 커스터마이제이션 옵션을 제공하며, 2025년 얼리 액세스 출시 이후 지속적으로 새로운 기능들이 추가되고 있다.[4]

〈인조이〉가 출시 초기부터 강한 인상을 남길 수 있었던 것은 부분적으로 크래프톤의 전폭적인 지원 덕분이었다. 잠재적 플레이어들이 가장 먼저 마주하는 핵심 시각 요소가 바로 아름답고 극사실적인 그래픽이기 때문이다. 〈인조이〉가 채택한 사실주의적 비주얼은 동시대 경쟁작이나 기존 인생 시뮬레이션 게임들이 주로 사용해 온 카툰풍 아트 스타일과 뚜렷한 대조를 이룬다. 실제 인물처럼 보이는 '조이(Zoi)'를 세밀하게 디자인할 수 있다는 점은 많은 플레이어에게 즉각적인 매력으로 작용했다. 더 나아가, 게임의 '창작 허브(Creation Hub)' 시스템을 통해 전 세계 이용자들은 자신이 만든 '조이'는 물론 의상·가구·주택 디자인 등 다양한 사용자 제작 콘텐츠를 자유롭게 공유할 수 있다.

〈인조이〉의 첫인상은 매우 매력적이다. 플레이어를 단숨에

4 출처: 크래프톤

끌어들이지만, 곧이어 게임이 제공하는 방대한 기능과 선택지로 인해 놀라움과 함께 다소의 압도감을 느끼게 된다. 예를 들어 '조이(Zoi)' 생성 과정에서 플레이어는 캐릭터의 성격과 욕구를 직접 설정할 수 있으며, 이러한 설정은 조이가 게임 세계에 배치된 이후의 행동 양식에 구체적으로 반영된다. 또한 여러 명의 조이로 구성된 가족을 만들어 도시 속 다양한 공간에 배치할 수도 있는데, 플레이어는 직접 설계한 주택은 물론이고 이미 완성된 주거지 중에서도 선택할 수 있어, 폭넓은 사용자 맞춤이 가능하다. 이 과정에서 〈인조이〉의 정교한 설계와 시스템적 완성도가 다시 한번 드러난다.

특히 〈인조이〉의 세계에서 플레이어는 단순한 조작자가 아니라 '돌봄자(caretaker)'의 역할을 맡는다. 자신이 관리하는 조이들이 건강하고 스트레스 없는 삶을 살도록 돕는 것이 플레이어의 책임이며, 이를 위해 플레이어는 한 가족에 머무르지 않고 도시 전역을 오가며 여러 가족의 일상을 관리하게 된다. 이러한 구조는 〈인조이〉의 도시가 단순한 배경이 아니라, 유기적이고 살아 있는 세계로 기능함을 잘 보여준다.

[그림 10-5] 플레이어는 건물과 그 내부를 포함한 다양한 요소들을 원하는 대로 설정할 수 있다. 이러한 특징은 폭넓은 플레이어층에 어필하는 요소이다.[5]

살아 숨 쉬는 세계, 인조이

이 게임의 뚜렷한 특징 가운데 하나는 '월드 시뮬레이션(World Simulation)'이라 불리는 방대한 백그라운드 시뮬레이션 시스템이다. 이는 플레이어가 '조이(Zoi)'를 조종하는 동안에도 도시 전체가 독립적으로 작동하도록 설계된 메커니즘으로, 플레이어의 '조이'뿐만 아니라 수많은 다른 주민 역시 각자의 하루를 살아간다. 실제로 플레이어가 현재 조종 중인 '조이' 가족에 대한 제어권을 잠시 내려놓으면, 캐릭터들은 스스로 독특하고 유머러스하며 때로는 위험한 상황에 처하곤 한다. 플레이어가 '조이'의 인생에서 주요한 순간에 개입할 수는 있지만, 궁극적으로 캐릭터들은 자율적으로 선택하고, 그 결과로 각자의 결말을 맞이한다.

5 출처: 크래프톤

〈인조이〉의 핵심적인 재미는 바로 이러한 시스템 기반 경험에 있다. 플레이어는 세계의 모든 것을 통제할 수 없지만, 일정한 영향력을 행사하며 그 세계의 일부로 참여한다. 크래프톤은 여기에 거대 언어 모델(LLM)을 비롯한 첨단 기술을 도입하여, '조이'가 환경과 욕구에 더 '사실적으로' 반응하도록 설계했다. 그 결과, 캐릭터의 사고와 행동은 이전보다 훨씬 정교하고 설득력 있게 표현된다.

이처럼 광범위한 시뮬레이션 경험을 제공한다는 점에서 〈인조이〉는 해당 장르 내에서 독보적인 위치를 점하고 있다. 거대한 도시와 그 속의 생활 경험을 정교하게 구현하려는 시도가 있었던 마지막 사례는 2009년에 출시된 〈심즈 3〉이었다. 〈심즈 3〉에서 플레이어는 한 가족의 관리자를 맡아 그들의 일상을 돌보게 되며, 그와 동시에 도시의 다른 가족과 심즈들 또한 백그라운드에서 나이를 먹고 각자의 삶을 이어간다. 이러한 구조는 플레이어의 통제를 넘어선 세계의 '지속적 생동감'을 구현했다는 점에서 높은 평가를 받았다.

〈인조이〉와 비교하면 〈심즈 3〉의 구조는 다소 기초적인 수준에 머물렀다. 그러나 당시로서는 인생 시뮬레이션 장르의 새로운 세대를 열었다는 평가를 받기에 충분했다. 안타깝게도, 높은 시스템 사양 등의 한계로 인해 후속작에서는 월드 시뮬레이션 요소가 대거 축소되었고, 〈심즈〉와 〈심즈 2〉 시절의 전통적인 구조로 되돌아갔다. 게임산업에서 5년이라는 시간은 절대로 짧지 않다. 세 작품이 출시된 시기 간격이 거의 동일하다는 점을 고려하면, 후속작의 퇴보는 더욱 뚜렷하게 드러난다. 이는 시리즈 팬이자 시뮬레이션 장르의 애호가로서 아쉬움을 느끼지 않을 수 없는 대목이었다. 결국 〈심즈 3〉의 한계는 기술적 완성도가 높을수록 시스템 부담이 커진다는 딜레마를 드러냈다. 이 문제는 오늘날 〈인조이〉 역시 마주하고 있는 부분이다.

[그림 10-6] 밤이 되어도 〈인조이〉의 도시는 여전히 활기를 띤다.
이러한 역동성은 일부 사용자 기기에는 다소 높은 사양을 요구하기도 한다.[6]

높은 시스템 사양 문제에 잠시 주목해 볼 필요가 있다. 〈인조이〉가 속한 인생 시뮬레이션 장르의 게임 대부분은 PC를 중심으로 개발된다. 잘 알려진 대로 PC는 사양의 편차가 크기 때문에, 대부분의 게임은 원활한 실행을 위해 일정한 최소 및 권장 사양을 제시한다. 문제는 이 요구 사양이 높아질수록 잠재적 플레이어가 게임을 즐기기 위해 부담해야 하는 비용 역시 증

6 출처: 크래프톤

가한다는 점이다. 그 결과 높은 사양은 곧 진입장벽으로 작용한다. 〈인조이〉 또한 풍부한 기능과 사실적인 비주얼 스타일로 인해 높은 시스템 요구치를 갖고 있으며, 이는 플레이어층을 제한할 잠재적 요인이 된다. 결국 일부 이용자들은 자신이 보유한 컴퓨터 환경에서 무리 없이 구동할 수 있는 다른 게임으로 시선을 돌리게 된다.

〈인조이〉가 '앞서 해보기(Early Access)' 형태로 출시되었다는 점은 주목할 만하다. 앞서 해보기는 개발 중인 게임을 시장에 선공개해, 플레이어의 참여와 피드백을 바탕으로 완성도를 높이는 개발 방식이다. 이러한 모델은 특히 소규모 인디 개발자들에게 유리하다. 개발비를 조기에 회수할 수 있을 뿐 아니라, 정식 출시 이전에는 얻기 어려운 실제 플레이어들의 반응과 제안을 수집할 수 있기 때문이다.

〈인조이〉 개발팀은 게이머들이 널리 사용하는 채팅 플랫폼 디스코드(Discord)에 공식 서버를 개설해, 플레이어가 개발진과 직접 소통할 수 있는 창구를 마련했다. 특히 디렉터이자 프로듀서인 김형준은 커뮤니티 게시물에 플레이어의 댓글을 허용하고, 이에 직접 답변을 남기며 활발히 소통하고 있다. 이러한 개방적 커뮤니케이션은 긍정적인 피드백 순환 구조를 만들어내고, 개발팀이 팬들의 주요 의견(칭찬이든 불만이든)을 신속히 반영해 개발 방향을 조정할 수 있도록 돕는다.

그 결과, 고비용 중심의 대형 게임산업에서는 보기 드문 커뮤니티 기반의 신뢰 관계가 형성되고 있다. 이러한 소통 방식은 특히 서구권 플레이어들에게 높은 평가를 받는다. 자국 시장 중심의 피드백이 우선시되던 한국산 MMO에 익숙한 이들에게는, 자신들의 의견이 실제로 개발 과정에 반영된다는 사실이 더욱 신선하고 긍정적으로 다가오기 때문이다. 이는 실제로 여러 한국산 MMO에서도 반복적으로 관찰되는 현상이기도 하다.

'앞서 해보기(Early Access)'라는 맥락에서 볼 때, 〈인조이〉가 여전히 활발히 개발 중이라는 사실은 향후에도 새로운 콘텐츠가 지속적으로 추가될 것임을 예고한다. 이러한 개발 방식은 앞서 언급한 게임 디자인과 개발 철학과 맞물려, 크래프톤이 기존 플레이어를 유지하고 신규 이용자를 유입하기 위해 무료 콘텐츠를 꾸준히 제공해야 하는 근거로 작용한다.

[그림 10-7] 크래프톤은 2025년 8월, 대규모 휴양지 맵 '카하야(Cahaya)'를 무료로 공개했다. 이러한 무료 콘텐츠는 〈인조이〉가 경쟁 게임들과 비교하여 차별화되고, 더욱 이용자 친화적인 이미지를 구축하는 데 도움을 준다.[7]

7 출처: 크래프톤

그 첫 번째 주요 업데이트인 '카하야 제도(Cahaya Islands)'는 휴양지 콘셉트의 신규 섬을 중심으로, 조이(Zoi)들을 위한 다양한 활동·가구·의상뿐 아니라 새로운 게임 메커니즘을 추가하며 게임의 확장 가능성을 보여주었다.

〈인조이〉의 규모와 앞으로의 방향성

〈인조이〉는 대규모 프로젝트다. 그 설계 방식은 오늘날 게임산업의 전반적인 흐름 속에서 독창적인 위치를 점하고 있다. 현대의 다수 게임이 영화적 연출과 치밀하게 각본화된 시나리오 중심으로 이동한 반면, 2000년대 초반의 게임들은 현실의 물리 법칙을 핵심 논리와 퍼즐, 오브젝트 상호작용 등에 적용함으로써 플레이어의 참여 방식을 근본적으로 변화시켰다.

〈인조이〉는 단순히 '심즈(The Sims)' 시리즈와 같은 경쟁작에 대응하려는 데 그치지 않는다. 오히려 축소된 디지털 인물의 시선을 통해 플레이어가 창의성을 표현하고, 그 상호작용을 다른 이용자와 공유할 수 있는 새로운 형태의 생애 시뮬레이션을 제시한다. 즉, 이 게임은 장르의 전통을 계승하면서도 그 한계를 확장하려는 대표적 시도로 평가할 수 있다.

플레이어들의 반응 역시 긍정적이다. 〈인조이〉는 출시 후 불과 40분 만에 PC 게임 플랫폼 스팀(Steam)의 인기 차트 상위권에 진입했으며, '출시 직후 전 세계에서 가장 높은 매출을 기록한 게임'으로 집계되었다(Husameddin).

〈인조이〉 역시 완벽한 작품은 아니다. 낮은 성능이나 기술적 결함 외에도, 이처럼 대규모의 게임이라면 피할 수 없는 여러 형태의 불안정성이 존재한다. 특히 핵심 설계가 하나의 행동 체계를 수십, 나아가 수백 가지 방향으로 확장할 수 있도록 구성되어 있기 때문에, 예기치 못한 상황이 빈번하게 발생한다. 필자 역시 플레이 도중 '조이(Zoi)'들이 비정상적인 습관에 빠지거나, 심지어 죽음의 위기에 처한 장면을 여러 차례 마주했고, 때로는 그들을 직접 구해내야 했다. 이런 점에서 〈인조이〉는 흥미로운 관리 시뮬레이션이자, 동시에 플레이어의 인내심을 시험하는 게임이다.

그럼에도 필자가 〈인조이〉에 끌리는 이유는 그 기술적 기반과 구현 규모에 있다. 다만 조이들이 더 지능적으로 행동하고, 지금처럼 '상상 가능한 가장 어리석은 존재'로 비치지 않기를 바랄 뿐이다. 개발팀이 플레이어의 피드백을 적극적으로 수용하고 있는 만큼, 이러한 핵심적인 문제들은 시간이 지나며 점차 개선될 것으로 기대된다.

우리는 이제 한국산 게임을 바라보던 과거의 인식으로부터 한참 멀리 나왔다. 오늘날 한국의 게임산업에는 인디 스튜디오부터 대형 퍼블리셔에 이르기까지 다양한 주체들이 활동하고 있다. 이들은 과거에 개척한 산업적 혁신을 지속적으로 발전시키는 한편, 독창적인 싱글플레이 경험과 문화적 감수성을 결합한 새로운 콘텐츠를 선보이며, 전 세계의 일반 게이머와 하드코어 게이머 모두의 관심을 끌고 있다. 〈인조이〉는 이러한 거대한 산업적 흐름 속에서 놓인 하나의 조각에 불과하지만, 이미 동시대 게임들 사이에서 분명한 존재감을 남겼다. 이는 한국 게임이 단지 시장의 일부가 아니라, 세계 게임 문화의 새로운 방향을 함께 설계하고 있음을 보여준다.

PART 1

이야기의 이야기

한유희

PART 2

〈전지적 독자 시점〉을 국지적으로 바라보기

야마나카 치에

[웹툰]

전지적 독자 시점

〈전지적 독자 시점〉은 동명의 웹소설을 웹툰화한 작품이다. 주인공이 완독한 소설이 현실이 된 세계에서 그 전개를 아는 김독자가 시나리오를 헤쳐가며 인류의 멸망을 막는 이야기이다. 이미 원작이 많은 팬덤을 거느리고 완결이 난 작품으로, 웹툰에 연재되기 시작할 때부터 크게 인기를 끌었다.

- 원작 : 판타지소설 〈전지적 독자 시점〉(작가 : 싱숑)
- 플랫폼 : 네이버 웹툰, 네이버 시리즈
- 장르 : 현대 퓨전 판타지
- 작화 : 슬리피-C / 각색 : UMI
- 연재 기간 : 2020년 5월 26일부터~연재 중

PART 1

이야기의 이야기

한유희*

세계가 모두 무너진다면, 어떤 선택을 취해야 할까. 아포칼립스(apocalypse), 포스트 아포칼립스(post-apocalypse) 장르는 종말과 종말 이후의 삶을 질문하는 장르다. 지금의 세계가 모두 무너진 후 어떻게 살아남을 수 있을까. 이때의 사회는 어떤 윤리와 도덕을 추구해야만 할까. 기존의 가치가 모두 사라진 세상을 상상하는 것은, 현실을 다시 고민하는 기제다. 모든 것이 붕괴된 사회에서 어떤 목적을 지니고, 어떻게 살아남아야 하는지를 묻는 것은 결국 지금—여기를 되묻는 것이다.

〈전지적 독자 시점〉은 주인공 김독자가 읽던 소설 '멸망한 세계에서 살아남는 세 가지 방법'이 현실로 뒤바뀌며 일어나는 이야기다. 이후 세상이 무너지는 모습을 묘사하는 장면을 보면 뻔

* 문화평론가, 경희대학교 K-컬처 · 스토리콘텐츠연구소 연구원.

한 아포칼립스 장르의 작품으로 보인다. 하지만 〈전지적 독자 시점〉은 배경만 아포칼립스일 뿐, 오히려 '이야기의, 이야기에 의한, 이야기를 위한' 이야기다. 작품의 서사가 진행될수록 점차 커다란 세계로 향하며, 이야기 끝의 의미를 질문하도록 한다. 〈전지적 독자 시점〉은 이런 독특한 주제를 통해 많은 '독자'들을 양산하였다. 길고, 어쩌면 어려울 수 있는 주제가 어떤 방식으로 표현되었기에 이런 인기를 얻을 수 있었을까.

이야기가 또 다른 이야기로

원작 웹소설로 엄청난 인기를 얻은 〈전지적 독자 시점〉은 〈나 혼자만 레벨업〉과 더불어 슈퍼 IP의 대표적인 사례로 꼽힌다. 웹소설을 기준으로 본편은 552화로 완결되었으며, 지금까지도 외전이 380편이 넘게 연재 중이다. 최초로 연재가 진행되었던 '문피아'에서는 조회수가 6천만 회를 넘었고, 현재 네이버 시리즈의 다운로드 수 또한 2억 5천만 회에 이른다. 오디오 웹소설 역시 연재 중이다. 웹툰은 현재 280화를 넘었으며, 원작이 각색되면서 또 다른 매력을 발산하고 있다. '2024 월드 웹툰어워즈 본상'을 수상하기도 했다. 영화는 2025년 7월 개봉되어 100만 명의 관객을 동원했고, 해외로 판매도 이루어졌다. 애니메이션과 게임으로도 제작될 예정이다.

하나의 콘텐츠는 미디어를 옮겨가며 다양한 형태로 존재한다. 미디어믹스(media mix)라는 진부한 말로 표현할 수밖에 없지만, 확실한 것은 하나의 텍스트가 여러 가지 형태로 존재한다는 점이다. 웹소설과 웹툰은 금세 영화나 OTT 시리즈가 되고, 게임이 된다. 심지어 전시회, 연극, 뮤지컬까지 영향력을 종횡무진 확장하고 있다. 따라서 슈퍼 IP를 다시금 고민해야 하는 시기가 도래한 셈이다. 이야기가 엄청난 수익원이 되면서 새로운 기점을 맞이했기 때문이다. 중요한 것은 오래도록 남을 수 있는 이야기가 변환되어, 변환된 이야기 또한 성공해야 한다는 점이다. 결국 각색의 묘미를 살릴 수 있는 묘안이 필요하다. 이야기를 새로 쓴다는 것은 결국 작품의 독특한 지점을, 어떤 방식으로 미디어의 특징을 고려하며 살릴 수 있을지를 고민한다는 것이다.

슈퍼 IP로 존재하기 위해서는 미디어 사이를 횡단할 수 있는 유연성이 필수적이다. '익숙한 이야기'일수록 미디어믹스 과정에서 안정적이다. 물론 하나의 서사물이 매체의 변환을 거쳐 각색되는 일은 결코 쉬운 작업이 아니지만, 작품의 세계에 대한 복잡한 설명을 생략할 수 있다는 장점이 있다. 작품의 장르나 세계관을 별도로 학습하지 않아도 쉽게 이해할 수 있을 때, 원작 팬들의 반응도, 작품을 처음 접하는 관객들의 반응도 긍정적으로 이어지기 쉽다. '판타지' 서사물이 영상화될 때 잡음이 생기는 이유도 여기에 있다. 판타지 장르의 법칙은 생경할 수 있기에, 더 많은 사람이 이해할 수 있도록 각색이 이루어지지만, 그 과정에서 원작의 특수성이 훼손되는 문제가 발생하기 때문이다. 〈전지적 독자 시점〉의 영화화가 유독 원작 팬들의 혹평을 받은 것도 이런 이유와 맞닿아 있다. 영상으로 변환되는 과정에서 텍스트 속에서 복잡 미묘하게 드러나던 인물들의 관계와 심리는 단편적으로 묘사될 수밖에 없다. 〈전지적 독자 시점〉은 방대한 세계관, 복잡한 인물 관계, 그리고 한 인물이 지닌 내적 패러독스를 표현하는 것이 핵심인 작품이다. 짧은 러닝타임 안에 모든 이야기를 담는 것은 거의 불가능하기 때문에, 선택과 집중이 불가피하다. 배우의 캐스팅이나 연기력 같은 요인을 차치하더라도, 원작의 기본적인 설정과 멀어지면서 팬들의 비판이 이어졌다. 물론 각색은 매체에 어울리도록 새로 쓴다는 의미를 지닌다. 그러나 작품을 '영화화'하겠다는 명확한 목표로 진행된 이상, 원작의 매력을 살려냈더라면 원작의 팬과 새로운 관객 모두를 조금 더 쉽게 설득할 수 있었을 것이다.

이와 달리 〈전지적 독자 시점〉을 기반으로 한 원화전 〈구원의 마왕 展〉은 원작 팬들의 호평을 받고 있다. 방대한 원작의 일부분만을 차용해 관객이 직접 경험할 수 있도록 구성했기 때문이다. 웹툰의 원화전이자 몰입형 체험 공간이기에, 관객은 작품의 세계 안에 직접 참여할 수도 있다. 웹툰 속 설정을 그대로 가져왔기에 팬들의 니즈를 충족한다. 미디어믹스는 원작을 모르는 사람들이 쉽게 접근할 수 있도록 할 것인가, 아니면 이미 원작에 익숙한 팬들을 위한 새로운 방식을 취할 것인가를 선택해야 한다. 〈구원의 마왕 展〉의 경우, 원작 팬들을 완벽하게 타깃팅한 체험 공간으로 작동한다. 원작을 활용해 새롭게 확장한 사례라 할 수 있다.

원작 팬들은 자신이 알고 있는 원작의 '오리지널리티(originality)'에 해당하는 설정이 훼손되는 것을 꺼린다. 그들에게 중요한 것은 원작을 '얼마나' 잘 재현했는가보다, 원전을 해치지 않으면서도 새로운 시각을 제시하는가에 있다. 〈전지적 독자 시점〉 웹툰이 여타 미디어믹스보다 훨씬 쉽게 안착할 수 있었던 이유는, 복잡한 세계관과 인물 관계를 작화로 오히려 명확하게 보여줄 수 있기 때문이다. 그림만으로 설명이 부족한 부분은 텍스트가 보완한다. 특히 작품에서 공들인 게임의 설정과 캐릭터들이 처한 복잡한 상황은 이미지로 온전히 묘사되며, 설득력을 더한다. 동시에 텍스트는 빠르게 넘길 수 있는 스크롤에 '일시 정지'를 유발한다. 주인공이 위험하고도 어려운 선택의 순간에 빠졌을 때, 독자가 함께 고민할 수 있는 여백이 마련되는 것이다. 웹툰에서 가장 두드러지는 지점은 전투 장면이다. 소설에서는 다소 지루할 수 있는 전투 묘사가, 웹툰만의 화려한 작화와 편집, 속도감을 통해 한층 생동감 있게 표현된다. 특히 웹툰 곳곳에 숨겨진 '이스터에그(easter egg)'를 찾아내는 재미도 있다. 몇몇 장면에서는 원작에 등장하지 않는 '성좌'가 나타나기도 한다. 다른 웹툰의 주인공이 등장하는 식으로, 원작을 해치지 않으면서도 〈전지적 독자 시점〉 웹툰만의 재미를 더하고 있다.

멸망하는 세계에서의 독자

“하나의 세계가 멸망하고, 새로운 세계가 태어나고 있다.” 김독자는 첫 번째 미션을 마치며 자신의 세계가 소설 속 세상으로 들어왔음을 명확히 공언한다. ‘전지적’이라는 위치와는 달리, 현실 세계의 김독자는 전지적일 수 없는 인물이다. 어디에서나 볼 수 있는 평범한 직장인, 오히려 곧 직장을 잃기 직전의 계약직 말단 직원. 특별히 잘생기지도, 엄청난 스펙의 소유자도 아니다. 하지만 그는 우직하게 ‘읽는’ 사람이었다. 3,149편에 달하는 긴 이야기를 결말까지 아는 유일한 사람이다.

‘독자’라는 독특한 이름은 홀로 살아남으라는 뜻에서 아버지가 지어준 이름이지만, 그는 외롭게 ‘홀로’ 읽는 사람으로 존재한다. 김독자가 현실 세계에 있을 때 유일하게 내세울 수 있었던 ‘읽는 능력’이 멸망한 세계 속에서 전용 스킬이 된다는 점은 아이러니하다. 온전한 힘이 아니기 때문이다. 상황을 알 수 있는 능력일 뿐, 온전하게 자신의 힘을 펼칠 수 있는 즉각적인 능력은 아니다. 김독자가 다른 초월좌들의 스킬을 쉽게 얻지 못하는 이유이기도 하다.

갑자기 내던져진 세상에서 모든 정보를 알고 있지만, 그대로 이행할 수는 없다. ‘알다’와 ‘이해하다’, 그리고 ‘이행’의 틈 때문이다. 오히려 알고 있기에 선뜻 나서는 것도, 무엇을 선택하는 것도 더 어려워진다. 수많은 정보를 정리하여 최선의 결과를 도출해야 하기 때문이다. 하지만 '읽기'가 수동적인 행위만은 아니다. 〈전지적 독자 시점〉에는 웹소설 특유의 '독자'의 향유 행위가 곳곳에 드러난다. 특히 작품 초반 김남운의 존재가 그러하다. "전개를 바꾸면 내가 살아남기 위해 사용할 수 있는 방법도 줄어들겠지"라고 말하면서, 소설을 읽을 때 방해 요소였던 '멸살법'의 등장인물 김남운을 결국 죽게 만든다. 다음 시나리오로 보낼 수 없다는 것이 이유다. 독자의 행위는 단순히 '읽기'에서 그치지 않는다. 적극적으로 행위에 동참한다. 기만일 수도, 혹은 위선일지도 모르는 행동을 지속하면서 윤리와 도덕을 고민한다. 읽기는 마침내 '생각하기'로 이어지며, 더 나은 선택을 추구할 수 있는 기반이 된다.

얽히는 서사와 세계관

〈전지적 독자 시점〉은 회귀물이되, 회귀에 집중하지 않는다. 동시에 책 속의 세계가 등장하지만 빙의물은 아니다. 이런 특징으로 인해 현실 세계와 서사물 속 세계는 얽히고설켜 있다. 따라서 원래의 세계와 소설 속 세계가 교차되고 병합되기도 한다. 김독자는 자신이 소설 속 인물로 편입되는 것을 두려워한다. 현실의 '자신'을 잃는 일이라고 생각하기 때문이다. 김독자가 스스로 자신의 '사기 스킬'이라고 말하는 '제4의 벽'이 바로 그를 소설 속 세계와 구분하는 마지막 안전지대다. 살아남기 위해서, 즉 이야기의 결말에 도달하기 위해서는 원작에 충실해야 한다. 변수가 없을수록 마지막에 쉽게 다다를 수 있다.

하지만 김독자는 자신이 구한 유상아, 이길영, 한수영, 그리고 소설 속 엑스트라였던 정희원까지 새로운 변수를 만들어낸다. 희원을 제외한 인물들이 등장인물로 바뀌지 않는다는 점을 기뻐하면서도, 그는 자신이 함께 속한 세계를 고민한다. 특히 희원의 경우, 독자의 의지로 살려낸 소설 속 단역이다. 소설 속 인물과 현실 세계의 인물이 중첩되면서 이야기는 한층 더 복잡해진다. 자신을 동료로 여기는 소설 속 인물인 희원, 현성과의 관계는 사실 독자 자신의 생존을 위한 것이었다. 그러나 여러 사건을 겪으며, 김독자는 점차 그들의 '쓸모'보다 그들의 '생존'에 집중하게 된다. 혼자 결말에 도달하는 대신, '함께'의 결말을 추구하게 되었기 때문이다.

소설 속에서 가장 중요한 인물은 바로 유중혁이다. 유중혁은 회귀자이자, 세계를 구하는 영웅이다. 김독자의 엄마인 이수경이 말하듯, 김독자는 유중혁의 등을 보며 14년 동안 성장해 왔다. 가장 잘 안다고 생각했던 유중혁을, 김독자는 유중혁의 3회차 인생에서 만나게 된다. 그러나 유중혁은 '아는 것'과 달랐다. 소설 속에서 3,000화에 걸쳐 그의 상황이 묘사되었지만, 김독자는 결코 유중혁이 될 수 없었다. 김독자의 스킬인 '전지적 주인공 시점'에 들어서서 유중혁을 직접 경험한 후에야 그는 비로소 유중혁을 이해한다. 그가 왜 그렇게 빠르게 생을 포기하려 했는지, 이전의 실수를 되풀이하지 않기 위해 왜 변수를 제거하고 동료를 두지 않으려 했는지를. 김독자는 1,863번의 유중혁을 '읽어왔던 것'과 '함께하는 것'의 차이를 그제야 명확하게 감각한다.

김독자는 현실의 인물들과 소설 속 인물을 구분하지 않게 된다. 이 세계에 남아 있는 모든 생존자를 하나의 존재로 인지하기 때문이다. 자신의 목숨을 희생하면서까지 살아남으려 했던, 작품 초반의 '생존'이 홀로 살아남기였다면, 서사가 진행되면서의 '생존'은 단지 생명을 유지하는 것이 아니라, 모두가 가장 평온할 수 있는 방법을 찾는 것으로 변화한다. 수많은 변수로 인해 '자신이 모르는 세계'를 살아가야 하지만, 김독자와 유중혁은 결국 자신이 알지 못하는 지금의 회차를 살아가기로 한다. 그들이 함께하는 '지금'이야말로 유일한 생존법이라는 사실을 서로 깨달았기 때문이다.

선과 악, 위선과 선의 경계 넘기

김독자는 세상이 멸망하는 장면을 책으로 읽었지만, 직접 경험하면서 생경하게 받아들인다. 활자로 묘사된 참상을 오감으로 느끼는 것은 전혀 다르기 때문이다. 그는 행간 속 사람들의 절망을 인지하며, 자신 또한 절망한다. 약한 인간이 살아남기 위해 점차 잔혹해지는 모습을 보고 참혹해하기도 한다. 그러나 자신 또한 살기 위해 누군가를 희생시켜야만 한다는 것을 깨닫고, 선택한다. 작품 초반의 김독자는 삶의 아이러니를 마주하며, 어떻게 살아남을 것인가와 윤리를 고민한다. 잔혹하지만 이미 멸망한 세계에서 살아남은 존재는, 결국 누군가의 생명을 빼앗은 뒤 자신의 생을 연명하기를 선택한 사람들이다. '원죄'를 지닌 삶을 살아가야 하는 것이다. 결국 생존은, 살기 위해 살아내는 것이 정답이 된다. 이때 어떤 살인은 용인된다. 호모 사케르가 널린 세상 속에서 윤리와 도덕의 경계는 완전히 무너진다. 선과 악, 정의와 윤리가 사라진 세계에서 정의 또한 상대적인 기준으로 작동한다.

웹툰 속에서 정희원은 '멸악의 심판자'로서 '선'으로 '악'을 징벌할 수 있다. 이는 '절대선'의 반대인 '절대악'에 대해서만 강력한 힘을 갖는다. '절대선'의 성좌들의 모든 동의를 받아야 한다는 전제 때문이다. 흥미로운 점은 바로 그 '동의'에 있다. 따라서 분명 악인이지만, '절대선'에게 악으로 인정받지 못하는 경우가 발생한다. 마왕 또한 마찬가지다. 마왕은 '절대악'이지만, 오히려 상대적인 악이 되기도 한다. 결국 절대선도 절대악도 존재하지 않는다. 그것들은 그저 이야기를 진행하기 위한 상대적인 잣대에 불과하다. 이미 세계에서 절대적인 선과 악의 구분이 모호해진 상황에서, 당연히 절대적인 윤리와 기준 또한 사라질 수밖에 없다. 따라서 〈전지적 독자 시점〉은 모든 것이 무너진 세상 속에서 어떤 자세를 취해야 하는지, 그리고 절대적인 선과 악, 윤리를 어떻게 바라보아야 하는지를 묻는 작품이다.

이야기의 윤리

〈전지적 독자 시점〉은 '성좌물'이라는 새로운 세계관, 하위 장르를 촉발한 작품이다. 성좌는 '멸살법'의 세계에서 가장 신비로운 존재들이자, 먼 성운의 꼭대기에 앉아 모든 이야기를 관람하는 비극의 배후다. 그들은 갑자기 시나리오에 참여하게 된 사람들이 '화신'으로 변해가는 과정을 구경한다. 그들이 보는 방송이 바로 '스타 스트림', 즉 성류 방송이다. 성좌들은 자신의 마음에 드는 사람을 후원하며 성장시킨다. 물론 공짜는 아니다. 그들 또한 관람을 위해 구경값을 지불해야 한다. 때로는 시나리오에 개입해 난이도를 조정하기도 한다. 스트리밍과 후원, 우리는 이미 익숙하다. 오히려 기시감까지 느껴진다. '스트리밍'이 언제나 이루어지고 있는 우리의 현실과 지독하게 닮아 있기 때문이다. 누군가의 관심과 기억을 통해 존재가 현현된다는 점 또한 유사하다.

결국 김독자의 세계에서 악몽 같은 설정은 모두 '흥미로운' 이야기를 요구받기 때문이다. 따라서 〈전지적 독자 시점〉이 우리에게 묻는 것은, 이야기를 대하는 대중의 자세다. 더 정확히 말하자면, 이야기를 만들고, 접하고, 대하는 모든 행위에 대해 스스로 고민하도록 만든다. 현대사회에서 이야기는 무엇일까. 모두가 기억하고 알고 있는 이야기는 과연 가치가 있는 것일까. 이야기가 탄생하고 소멸하는 과정에서 인간의 역할은 무엇일까. 지금의 우리는 너무도 손쉽게 나의 이야기, 타인의 이야기를 듣고 말하고 전달한다. 심지어 그 대상과 내용은 점점 더 다양해지고 있다. 하지만 '흥미로운 이야기'의 대상을 그 자체로 허락하지 않는 이야기들도 분명 존재한다. 자극적일수록 더 빠르게 퍼지고 주목받을 수 있기에, 이야기는 언제나 일정한 폭력성을 담보로 한다.

사실 김독자가 이름처럼 외로워진 이유는 '지하 살인자의 수기' 때문이다. 김독자의 어머니 이수경이 옥중에서 발간한 책으로 인해, 그는 '살인자의 자식'으로 살아가야 했다. 물론 어머니는 독자를 피해자로 규정하며, 양육비를 벌기 위한 선한 의도에서 글을 썼다. 그러나 반대로 이야기가 지닐 수 있는 폭력성은 인지하지 못했다. 김독자의 삶은 책을 통해 타인에게 '읽혔고' 평가당할 수밖에 없었다. 타인에 의해 자신의 '삶'이 재단되면서, 그는 홀로 또 다른 '이야기'에 탐닉할 수밖에 없었다. 아이러니하게도 독자를 힘들게 한 것도 이야기였고, 그를 버티게 한 것 또한 이야기였다.

잊혀야 하는 이야기와 잊히지 않아야 하는 이야기가 중첩된 상황에서, 이야기를 선택하기란 쉽지 않다. 스크롤로 세상의 모든 존재를 탐색할 수 있는 지금, 너무나도 쉽게 접할 수 있는 주변의 이야기들을 당신은 어떻게 할 것인가. 이야기의 의미가 결국 기억되어야만 존재한다면, 지금의 이야기는 어떤 의미를 지닐 수 있을까. 많은 이야기가 빠르게 생성되며 소멸한다. 결국 타인을 알게 된다는 것은 서사를 마주한다는 뜻이다. 모두가 자신의 이야기를 발화하지 않고는 못 버티는 사회에서, '나'라는 존재가 주목받기 위해 표출하는 이야기와 '보여지는' 이야기 사이에는 어떤 간극이 존재할까. 이야기가 넘쳐나는 세상은 축복일까, 혹은 저주일까. 읽는 자와 읽히는 자가 동일시되는 순간이 분명히 존재한다는 사실을, 〈전지적 독자 시점〉은 끝내 놓치지 않는다.

이야기의 생명력

〈전지적 독자 시점〉에서 '읽는 것'만큼 강조되는 것은 '쓰는 것'이다. '한수영'과 '츠쿠카 렌'이라는 조연의 에피소드가 두드러지는 이유도 여기에 있다. 독자는 이야기를 만들어낸 사람을 세계를 만든 '신'으로 표현한다. 하나의 작품은 작가의 손끝에서 태어난 세계이자 인물이기 때문에, '쓰는 행위'의 책임감을 명확히 고지한다. 특히 '렌'이 만든 세계인 '피스랜드'를 멸망시키라는 시나리오가 등장한다. 어떤 시나리오보다 쉬운 난이도의 미션이었지만, '렌'은 차마 피스랜드를 파괴하지 못한다. 자신이 만들어낸 세계를 스스로 멸망시키는 일을 주저했기 때문이다. 흥미로운 것은 모든 상황이 끝난 후, 렌이 '작가'로서의 특성을 잃는다는 점이다. 결국 이야기가 작가의 손을 떠난 후에도 살아남을 수 있을 때 비로소 완성된다는 의미다. 이후 이야기의 세계는 '알아서' 존재해야만 한다. 이야기가 스스로 확장될 수 있는 존재임을 다시 한번 상기시킨다.

현대사회에서 서사물은 단순히 가상 현실이나 세계를 창작하는 데에만 그치지 않는다. 자신의 삶을 이야기하는 콘텐츠 또한 넘쳐난다. '호모 나랜스'인 우리는 셀 수 없이 많은 이야기를 만들어낸다. 각종 SNS에는 오늘 내가 어떤 삶을 살았는지를 알리는 게시물이 가득하다. 내가 무엇을 듣고, 무엇을 보고, 어떻게 느꼈는지 일거수일투족을 확인할 수 있다. 그들의 게시물과 동영상을 통해 '그들'을 읽어나가다 보면, 우리는 어느새 '친밀함'을 느끼게 된다. 이는 모든 사람들이 자신의 삶을 끊임없이 게시하고 있기 때문이다. 표현할 자유만큼 잊힐 자유도 존재하지만, 현대사회에서 '잊힐 자유'는 사실상 존재하지 않는다. 삶의 일부는 쉽게 '박제'되며, 이야기는 의도와 다르게 오인되거나 비난과 비판의 대상이 되기도 한다.

단순하게 대리만족만으로는 설명되지 않는 질문들이 남아 있다. 대중은 곧 독자이자 성좌이며, 시나리오를 살아가는 도전자이기도 하다. 그리고 언제든 그 처지는 바뀔 수 있다. 아이러니하게도, 이야기가 넘쳐나는 세상에서 우리는 길고 긴 이야기의 끝을 마주하지 못하는 사람들이 되었다. 짧고 강렬한, 누군가가 편집한 이야기들에 편승한 채 살아가며, 한 번을 제대로 읽기도, 다시 읽기도 점점 더 어려워지고 있다. 길고 긴 이야기를 펼쳐내는 것도, 끝까지 읽어가는 것도 쉽지 않은 지금, 새로운 이야기는 과연 가능할까. 이야기를 소비하는 형식과 행태가 끊임없이 변화하는 이 시대에, 우리는 어떤 이야기를 할 수 있을까.

한류로서의 〈전지적 독자 시점〉

〈전지적 독자 시점〉은 흔한 영웅담이 아니다. 영웅의 기본적인 서사 구조를 따라가다가도 계속 어긋난다. '존재는 곧 이야기'라는 전제로 펼쳐지는 서사는 변화무쌍하다. 등장인물이 많은 것은 물론, 한국의 위인부터 전 세계의 신화와 설화가 뒤엉키며 서사의 무대는 한층 넓어진다. 김독자는 그 어떤 신화에도 무너지지 않는 '이야기'를 쌓아올린다. 복잡다단하고, 심지어 방대하기까지 한 〈전지적 독자 시점〉이 한류의 슈퍼 IP로 작동한다는 사실은, 결국 우리가 '이야기'의 한복판에 놓여 있으며 지금도 이야기의 윤리를 고민하고 있다는 점을 의미한다.

한류 콘텐츠는 단순히 '한국적인 것'을 강요하는 데서 시작할 수 없다. 전 세계 사람들이 공감할 수 있는 서사로서의 콘텐츠일 때 비로소 가능하다. 〈전지적 독자 시점〉은 이야기가 넘쳐나는 지금의 시대를 관통하는 작품이기에, 특수하면서도 보편적이다. 우리의 삶과 현실은 어쩌면 지금도 덧씌워지는 중이다. 따라서 우리는 어떤 이야기를 해야 하며, 또 어떤 자세로 읽어야 하는가를 다시 질문해야 한다.

PART 2

〈전지적 독자 시점〉을 국지적으로 바라보기

야마나카 치에*

〈전지적 독자 시점〉은 아직 충분히 알려지지 않았다

〈전지적 독자 시점〉(이하 전독시)은 아직 일본에서는 미디어를 넘나들며 전개되는 단계에는 이르지 못했다. 2025년 9월 말을 기준으로 웹툰은 275화까지 공개되었고, 단행본은 종이책과 전자책으로 KADOKAWA에서 4권까지 출간되었지만, 원작 웹소설은 아직 번역되지 않았다. 애니메이션화가 결정되었다는 공지 PV는 공개되었지만 공개일은 미정이다. 한국에서 인기 배우 이민호와 안효섭이 출연하는 실사 영화가 개봉했고, SNS에서는 일본에서도 영화 개봉을 바라는 배우 팬들의 목소리가 들려오지만 개봉은 미정이다.

* Yamanaka Chie, 교토산업대학교 현대사회학부 교수.

웹툰은 'LINE 망가(LINEマンガ)'에서 2020년 8월부터 독점 연재 중이며 2025년 9월 기준 조회 수는 1억 6,800만 뷰이다. 'LINE 망가'는 '연재작 및 단행본 작품의 독자 수, 좋아요 수, 구매 수 등 여러 요소를 고려'한 연간 인기 랭킹을 발표하고 있다. 연도에 따라 집계 방식에 차이가 있지만 〈전독시〉는 여성 편과 남성 편으로 나뉜 2022년 연간 랭킹 남성 편에서 10위를 차지했다. 그러나 그 이후 2025년 상반기까지 10위권 순위에 등장한 적은 없다. 〈입학용병〉(원작: YC, 작화: rakhyun, LINE 망가)이나 〈나 혼자만 레벨업〉(만화: DUBU[REDICE STUDIO], 원작: Chugong, 각색: h-goon ©DUBU[REDICE STUDIO], Chugong, h-goon 2018, D&C MEDIA) 등이 빈번하게 순위에 오르는 것을 고려하면 'LINE 망가'에서의 인기도 수치로 드러났다고 말하기는 어렵다. 즉 작품으로서는 여전히 '잘 알려지지 않았다'고 할 수밖에 없을 것이다. 그렇다면 애초에 세로 스크롤 만화(한국 웹툰 포함)는 일본 출판 시장에 어느 정도 침투해 있을까.

성장 과정의 세로 스크롤 만화 시장

출판과학연구소의 발표에 따르면 추정 판매 금액을 기준으로 한 2024년 출판 시장에서 전자 출판 시장이 차지하는 비율은 36%이며, 그중 90%가 전자 코믹스 매출이다(출판과학연구소, 2025:

2-3). 그리고 전자책 비즈니스 조사 보고서를 출판하고 있는 임프레스 종합연구소에 따르면 전자책 이용자에게 '이용하고 있는 전자책 서비스'를 묻는 2024년 조사에서 '픽코마'가 36.6%, 'LINE 망가'가 32.3%, 'Kindle 스토어', '소년 점프+'가 각각 20% 정도로 나타났으며, '픽코마', 'LINE 망가'의 이용 비율은 매년 증가하는 경향이다(임프레스 종합연구소, 2025: 326). 다만, 구매나 유료 결제 경험이 있는 서비스는 'Kindle 스토어'가 가장 높고 '픽코마'와 'LINE 망가'가 그 뒤를 잇는다(임프레스 종합연구소, 2025: 337). '픽코마'와 'LINE 망가'는 세로 스크롤 웹툰의 주요 플랫폼이기는 하지만 이들 플랫폼에 온라인판 페이지 만화도 게재되어 있다는 점을 생각하면 일본의 만화 독자들은 아직 '국지적 웹툰(세로 스크롤 만화) 독자'라고 해야 할 것이다.

이에 이 글에서 페이지 만화에 익숙한 '국지적 독자의 시점'에서 〈전독시〉 표현의 재미와 가능성에 대해 생각해 보고자 한다. 다만, 본고는 일본어 환경에서 접근할 수 있는 2025년 9월 시점의 〈전독시〉 공개 상황을 전제로 논의를 진행하기 때문에 전체적인 스토리나 장기 연재를 통한 표현의 변화를 다루는 것은 아니며 일정 부분 한계가 있다.[1]

1 이 글에서 표현 형식을 언급할 때, 종이 단행본으로 출판되는 경우가 많은 일본 만화에서 주로 사용되어온 표현 형식을 '페이지 만화'로, 웹이나 앱으로 배포되어 세로 스크롤로 읽히고 한국 웹툰에서 주로 채택되는 형식을 '세로 스크롤 만화'로 표기한다. 그리고 두 표현을 모두 포괄하는 코믹스(Comics)의 의미로 '만화'라는 용어를 사용하려고 한다.

❶ 〈전독시〉의 표현 읽기

이제부터 〈전독시〉 표현의 특징을 구체적으로 살펴보고자 한다. 사례로 다룰 것은 〈전독시〉(에피소드 2 '주인공' 파트 5와 6) 웹툰 11화, 12화에 해당하는 에피소드이다. 김독자가 '주인공' 유중혁을 만나고 김독자만의 스킬 '제4의 벽'의 존재를 깨닫는 회차이다. 그리고 자신이 '소설의 유일한 독자'라는 자각을 바탕으로 유중혁에게 자신을 동료로 받아들일 것을 제안하고 승낙을 얻는다. 다만 그것은 유중혁 방식의 승낙으로 김독자는 어룡(魚龍)의 입속으로 내던져져 삼켜지고 만다. 일본어판 LINE 망가 앱에서는 12화에서 무료 공개 부분이 끝난다. 무료 충전을 사용하면 비교적 쉽게 다음 화를 읽을 수 있지만, 일단 독자에게 선택을 요구하는 지점이 바로 12화이다.

기본적인 시간 진행과 여백

우선 페이지 만화에 익숙한 독자가 세로 스크롤 만화를 읽을 때 당황하는 것은 '간백(間白)=칸과 칸 사이 여백'의 리듬일 것이다. 세로 스크롤 만화의 간백, 즉 여백은 어떻게 정의할 수 있을까? 『만화로 배우는 세로 스크롤 만화 그리는 법(まんがでわかる縦スクロールまんがの描き方)』을 저술한 아사노 타츠야(浅野龍哉) 등은 세로 스크롤 만화는 독자가 스마트폰 화면을 볼 때 화면 중앙에 시선을 고정하고 스크롤 하기 때문에 이를 고려하며 칸 사이의 여백이나 말풍선을 배치하게 된다고 설명한다. 또한 웹툰은 [그

림 12-1]과 같이 화면과 칸, 여백의 관계를 변주해 왔다고 지적한다(아사노 외, 2024: 271–275).

[그림 12–1] 웹툰의 여백 변천[2]

〈전독시〉의 구성을 보면 아사노가 지적하는 '여백 $\frac{1}{4}$' 규칙을

2 출처: 『만화로 배우는 세로 스크롤 만화 그리는 법』, p. 275.

따르고 있는 것으로 읽히며 이 규칙이 〈전독시〉의 기본적인 시간의 흐름을 형성한다. 그리고 11화, 12화를 보면 말풍선 등 문자 정보가 여백으로 설정된 $\frac{1}{4}$ 부분에 살짝 걸치도록 그려져 있다는 점을 알 수 있다. 완전한 공백으로 여백이 설정되는 것이 아니라 항상 다음 '문자 정보'의 시작이 시야에 들어오도록 구성된 것이다. 즉, 〈전독시〉는 문자 배치에 의해 이야기가 끊임없이 진행되도록 설계되어 있으며 $\frac{1}{4}$ 여백을 기본 전제로 하는 작품군 가운데에서도 다소 '앞쪽으로 배치된' 템포를 사용하고 있다. 어느 시점에서든, 어떤 형태로든 문자 정보가 시야에 들어오기 때문에 스크롤은 비교적 규칙적인 리듬으로 전개된다. 스크롤 방식에 익숙하지 않은 독자에게는 다행스러운 리듬이라 할 수 있다.

이처럼 문자 정보가 일정한 리듬을 이루고 있기 때문에 스마트폰 화면 전체에 문자 정보 없이 그림만 들어간 장면은 많지 않다. 그렇다면 문자가 없는 '그림'만의 화면은 특별한 의미가 부여된 표현이라고 할 수 있지 않을까?

11, 12화에서 화면상의 대사나 의성어가 겹치지 않는 장면은 두 곳이다. 11화의 유중혁 등장 장면과 김독자가 유중혁에 의해 어룡의 입속으로 던져지는 순간을 그린 12화의 마지막 장면이다. 그렇다면 이러한 장면에서 문자 정보가 없는 그림은 이야기에서 어떤 역할을 하고, 세로 스크롤 고유의 표현을 만들어내는 것일까?

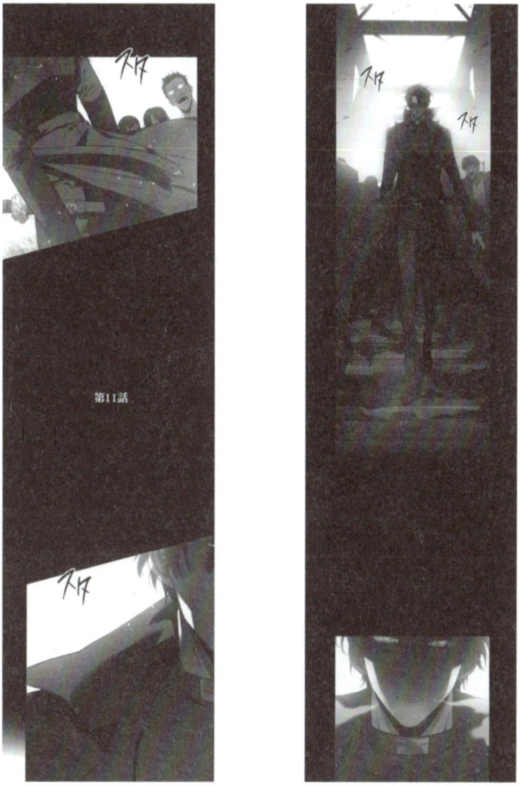

[그림 12-2] 유중혁의 등장 장면[3]

먼저 11화의 장면부터 확인해 보자. 이것은 '주인공' 유중혁이 등장하는 장면이다. 그의 클로즈업 쇼트가 중심에 배치되어 있으며 화면에 문자 정보는 존재하지 않는다. 또한 이 장면 이전부

3 출처: 『전지적 독자 시점』 11화 LINE 망가

터 약간의 의성어를 제외하고는 문자가 들어가지 않는 칸이 이어진다.(그림 12-2) 다리, 등, 어깨의 부분 쇼트가 이어진 후 전신을 비추는 풀 쇼트가 그려지고 의성어조차 전혀 들어가지 않는 큰 사이즈의 클로즈업 쇼트로 이동한다.

원작 웹소설 에피소드 2 '주인공'(4)에 서술된 내용은 덮쳐오는 마인(魔人)을 맨손으로 물리치고 유중혁이 김독자 앞에 나타난다는 정보뿐이다. 쇼트를 바꾸어 이어 붙인 각각의 칸은 원작에서 제시된 유중혁이 다가온다는 동작을 반복해서 전달하고 있을 뿐이다. 이는 페이지 만화라면 '쓸데없는 칸'으로 간주할 가능성마저 있는 칸 나누기이다.

[그림 12-3] 김독자가 떨어지는 순간의 두 칸
[그림 12-4] 김독자가 어룡의 입으로 떨어지는 순간[4]

다음으로 12화에서 문자가 전혀 없이 그림만으로 표시되는 것은 유중혁에 의해 김독자가 어룡의 입속으로 던져지는 순간을 그리는 장면이다. 유중혁이 손을 놓고 김독자가 낙하

4 출처: 『전지적 독자 시점』 12화 LINE 망가

하는 순간은 목구멍의 부분 쇼트와 롱 쇼트로 두 칸에 걸쳐 묘사된다(그림 12-3). 또한, 어룡의 입으로 떨어지는 순간도 김독자는 큰 사이즈의 클로즈업 쇼트와 롱 쇼트로 그려진다(그림 12-4).

이러한 장면들은 소설의 에피소드 2 '주인공'(5)의 낙하 장면에 해당하는데 손을 놓은 순간과 그다음의 롱 쇼트는 소설의 "나를 지탱하던 힘이 사라졌다"라는 한 문장을 두 칸으로 분할하여 표현한다. 다른 장면에서는 거의 한 문장당 한 칸으로 표현되는 정보가 두 칸으로 분할되면 독자에게 이야기 속 시간 진행은 느려진다. 이 역시 페이지 만화에서는 '쓸데없는 칸'으로 여겨질 수 있는 표현이다.

〈전독시〉 11, 12화에서 '그림'만의 장면, 즉 순간의 반복을 보여주는 표현은 독자에게 캐릭터를 각인시키는 중요한 장면이기도 하다. 그러나 아마 페이지 만화에서는 채택되지 않을 것이다. 이러한 표현이 가진 '시간 늘리기'의 의미에 대해 다음에서 조금 더 생각을 진전시켜 보고자 한다.

❷ 표현의 방향을 결정하는 매체의 물질성

맥클라우드의 칸 나누기 이론으로부터

스콧 맥클라우드는 『만화의 이해』에서 칸과 칸의 전환을 여섯 가지로 나누었다(맥클라우드, 1998). 그중에서 어떤 동작을 순간의 연속으로 묘사하는 칸 이행을 '순간에서 순간으로(Moment-To-Moment)'(이하 순간이동)라고 이름 붙였다. 11화나 12화의 연출은 맥클라우드의 이론에 따르면 이 '순간이동' 전환에 해당한다고 볼 수 있다. 동작과 대상, 장면, 시선의 이동 없이 동일한 장면, 동일한 동작을 쇼트를 바꾸어가며 쫓는 장면이기 때문이다.

맥클라우드는 순간이동 전환을 사용하면 동작의 포착 방식을 늦추거나 미세한 변화를 인식하는 등 지면 위에서 영화 같은 움직임을 표현할 수 있다고 지적했다. 그렇다고는 해도 원래 맥클라우드가 상정한 순간이동 칸 전환은 쇼트의 전환을 상정하지 않은 이미지며 카메라가 이동하는 것 같은 이미지이다. 반면, 〈전독시〉의 순간이동 전환에는 적극적인 컷 분할이 이루어지고 있어 오히려 몽타주 효과를 노린다.

잘라낸 장면을 이어붙여 의미를 만들어내는 몽타주 기법은 일본 만화 연구에서는 페이지 만화가 서사를 이야기할 수 있게 된 핵심 기법으로도 여겨진다. 칸과 칸 사이를 독자가 상상하고 보완하게 함으로써 '영화적인' 표현을 만화 속으로 끌어들였다는 것이다.

그렇다면 순간이동 칸 전환을 몽타주로 진행하는 11, 12화의 표현은 페이지 만화 표현의 특성을 살려 만들어진 세로 스크롤만의 재미라고 할 수 있지 않을까?

스크롤 하는 것, 하게 하는 것

이러한 〈전독시〉 표현의 재미를 뒷받침하는 것은, 세로 스크롤 만화에 선형적(線形的)이고 계기적(継起的)인 읽기를 강제하는 전자매체의 물질성일지도 모른다.

일본의 만화 연구자 미와 켄타로(三輪健太郎)는 복수의 칸으로 시선을 옮기면서 건너뛰어 읽기가 가능한 페이지 만화와는 달리 세로 스크롤 만화는 독자에게 선형적인 읽기를 규정한다고 지적한다(미와, 2025). 미와는 이러한 세로 스크롤 만화의 특성을 고려하면 웹툰은 흔히 말하는 '타이파(타임 퍼포먼스, 시간 대비 효과)'가 좋은 미디어가 아니라고 논하는데 이는 세로 스크롤 만화가 페이지 만화만큼의 병존성(並存性)을 갖지 못한다는 지적이기도 하다.

원래 일본의 페이지 만화는 책이라는 매체적 형태에 맞게 발전해 왔다. 그 결과 책의 형태라는 프레임 안에 칸이라는 프레임을 배치하는 '프레임의 이중성'을 특징으로 한다. 시선의 움직임은 선형적으로 고정할 수 없다. 독자가 항상 페이지 전체를 시야에 넣으면서 칸을 쫓는 것을 전제로 표현이 발달해 온 것이다. 예를 들어 11화에서 유중혁의 등장과 같은 표현은 페이지 만화에서는 시선의 움직임을 완벽히 제어할 수 없어서 세로 스크롤만큼의 효과를 얻기는 힘들다.

반면 세로 스크롤 만화는 이러한 장치의 물리적 제약에 따라 시선을 아래로 밀어낸다. 독자는 화면 아래로 이어지는 텍스트와 칸을 순서대로 따라갈 수밖에 없다. 건너뛰어 읽기 위해서는 스크롤 속도를 높일 수밖에 없지만 그렇게 하면 독자의 스크롤 속도에 데이터 로딩이 따라가지 못해 서사가 단절된다는 문제가 생긴다.

세로 스크롤 만화는 미디어의 이러한 물질성 때문에 독자들에게 속도를 높여 스크롤 하게 하지 않는 장치 즉, '건너뛰어 읽고 싶다'는 생각이 들지 않게 하는 표현을 페이지 만화 이상으로 필요로 하는 것이 아닐까.

한 장면을 반복하여 여러 개의 쇼트로 나누어 그리면 이야기상의 시간 진행을 늦추고 슬로모션 효과를 발생시킨다. 독자는 이전과 같은 속도로 스크롤을 하더라도 세로 스크롤 만화의 '그림'을 보다 차분히 조망하는 느낌을 얻을 수 있을 것이다.

실제로 〈전독시〉의 순간 반복 연출은 독자가 캐릭터를 '응시'하는 시간을 늘림으로써 유중혁이나 김독자 같은 캐릭터에 대한 독자의 몰입감을 높이고 있는 것으로 보인다.

❸ 웹과 책의 미디어 믹스

만화 단행본, 방향성의 차이

다음으로 〈전독시〉의 만화 단행본이 앞에서 논의한 세로 스크롤 표현의 매력을 충분히 '번역'하고 있는지를 검토해 보자. 앞으로 애니메이션이나 영화로 〈전독시〉를 접한 관객들이 웹툰을 찾을 가능성이 있고 동시에 일본의 만화 환경에서는 만화 단행본을 먼저 접할 수도 있기 때문이다. 2025년 9월 말 현재 〈전독시〉의 만화 단행본은 KADOKAWA에서 4권까지 발매되어 있으며 에피소드 7 '집주인' 파트 2까지가 수록되어 있다.

세로 스크롤 만화를 단행본으로 출판할 때 일본에서는 우철로 출판된다. 한국어 서적이 좌철로 편집되는 것과는 반대이다. 그렇다고는 해도 세로 스크롤 만화는 기본적으로 상하 움직임을 전제로 그려지므로 넘기는 방향의 차이는 단행본용 재배치에 있어 큰 문제는 아닐지도 모른다.

그러나 한국의 웹툰 지침서는 웹툰에서 상하가 갖는 의미 외에 오른쪽이 미래, 왼쪽이 과거를 연상시킨다고 지적한다(박, 2024: 113). 이는 일본의 페이지 만화에서 페이지를 넘기는 쪽인 왼쪽을 미래, 다 읽은 부분에 해당하는 오른쪽을 과거로 여겨온 감각을 한국 책의 페이지 진행 방향에 적용한 지적이라고 할 수 있다. 웹툰이 그려질 때도 가로쓰기 문자를 읽는 시간 감각이 좌우의 시간 흐름으로 현 단계에서는 어느 정도는 유지되고 있다는 것이다.

처음부터 페이지 만화에 익숙한 독자들에게는 좌우가 나타내는 시간 감각과 시선의 흐름이 웹툰 독자보다 강할 것이다. 따라서 웹툰 표현에 남아 있는 좌우의 감각은 우철 서적으로 재편집되었을 때 독자들에게 약간의 위화감으로 남는다.

더욱이 페이지 만화에는 좌우와 세로 스크롤 만화와 같은 상·하의 컷 배치에 대한 감각이 있을 뿐만 아니라 펼친 페이지 단위의 레이아웃 규칙이 존재한다. 『만화로 배우는 만화 그리는 법』에서는 소년만화와 청년만화의 경우 펼친 페이지의 네 모서리에 중요한 칸을 배치해야 한다고 설명한다. 그리고 각각의 모서리에는 서사 속에서 수행하는 역할이 있다(아사노 외, 2022: 83).

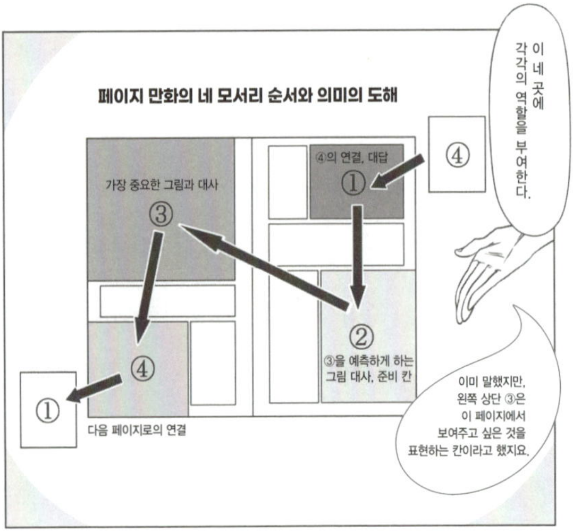

[그림 12-5] 페이지 만화의 레이아웃[5]

이에 반해 세로 스크롤 만화에서는 페이지라는 물리적 제약 없이 칸의 역할을 배분할 수 있기 때문에 세로 스크롤 만화가 페이지 만화가 될 때 페이지 레이아웃 최적의 위치에 '클라이맥스 칸'이 온다고는 단정할 수 없다.

'번역' 작업의 필요

페이지 만화의 특징을 바탕으로 단행본 출판을 진행하면서 세로 스크롤 만화의 칸을 단행본 페이지 위에 순서대로 재배치하는 것만으로는 '번역'할 수 없음은 분명하다. 『세로 스크롤 만화 그리는 법』에서 아사노는 세로 스크롤 만화와 페이지 만화의 변

5 출처: 『만화로 배우는 만화 그리는 법』, p.83

환을 검토하면서 가필이나 트리밍을 통해 칸이 전달하는 정보 취사선택 등의 편집이 필요하다고 지적한다(아사노 외, 2024).

[그림 12-6] 단행본의 칸 배치[6]

예를 들어, [그림 12-6]의 왼쪽 페이지 마지막 칸에 배치된 세로로 긴 칸은 원래의 세로 스크롤 버전에서는 휴대폰을 가로로 돌려 보면 왼쪽에서 오른쪽으로 카메라가 회전해 주인공들이 처한 장면이 넓어지는 것처럼 느껴지는 표현이다. 웹툰에서 이 장면은 상하 스크롤의 시간 감각으로 보면 아래로의 스크롤 즉, 이야기의 미래로 나아가는 칸을 개방해 효과를 높인다.

반면 단행본인 [그림 12-6]에서는 [그림 12-7]에 해당하는 칸이 페이지 왼쪽 아랫부분에 있기 때문에 '다음 페이지로의 유

6 출처: 『전지적 독자 시점』 2권, KADOKAWA.

[그림 12-7] 가로 확장을 그리는 표현[7]

인'이라는 역할과 의미를 따른다. 칸은 등장인물에 초점이 맞춰지도록 트리밍되고 '번역'되어 있지만 칸 모양은 세로로 긴 형태를 유지하고 있다. 세로로 길기 때문에 우철 서적에서의 미래, 즉 왼쪽으로의 개방감이나 확산되는 느낌은 사라져버렸다. 세로 스크롤을 할 때 칸이 가지고 있던 '파노라마적 정경'이라는 정보를 중요시한다면 그림을 반전시킨 후 가로로 길고 넓은 칸 혹은 펼친 페이지로 다시 편집하는 것도 검토해야 할 것이다.

이처럼 세로 스크롤 만화의 매력을 페이지 만화로 변환하기 위해서는 페이지의 효과와 컷 안의 정보 해석을 고려한 매우 복잡한 '번역'이 필요하다. 물론 최근에는 세로 스크롤 만화나 웹툰이 단행본으로 출간되는 사례가 늘어나면서 페이지 만화의 규칙에 따른 칸 재배치를 고려

7 출처: 『전지적 독자 시점』 2권, KADOKAWA.

한 편집이 이루어지고 있다. 그러나 현 단계에서는 아쉬움이 남을 수밖에 없다.

미디어의 차이를 생각하기

이러한 현황을 바탕으로 아사노는 다음과 같이 지적한다. 일본에서는 지금까지 잡지에 연재된 만화가 단행본으로 출간되었지만, 그것은 책이라는 동일한 미디어 간의 이동에 불과했다. 지금 일어나고 있는 웹 디바이스에서 종이책으로의 변환은 전혀 다른 미디어로의 변환이다. 이것은 '미디어 믹스'에 가까운 것으로 생각해야 하지 않을까 하는 것이다(아사노 외, 2024: 260).

확실히 페이지 만화 표현을 채택하는 종이책과 웹에서 공개되는 세로 스크롤 만화는 만화(=Comics) 표현이라는 점은 같지만, 인쇄물과 디지털 미디어라는 점에서 매체가 크게 다르다. 미디어의 물질성이 표현에 영향을 미친다는 것은 앞에서 확인한 바와 같다.

세로 스크롤 만화는 세로로의 확장, 순간을 많은 컷으로 잘라내는 칸 정보의 반복, 연속성을 살린 스크롤에 의해 카메라가 회전하며 파노라마와 같은 정경을 보여주는 연출 등 다양한 표현상의 강점을 가진다.

또한 이 글에서는 충분히 다루지 못했지만, 페이지 만화가 흑백 표현으로 발전해 온 것을 생각하면 세로 스크롤의 매력을 만드는 채색 또한 페이지 만화화에 있어서는 페이지 단위로 '번역'

되어야만 하는 것이라고 할 수 있다.

'번역'의 어려움을 넘어서는 레이아웃 기술을 더욱 정교하게 연마하는 것도 필요할 것이다. 그러나 세로 스크롤 만화와 페이지 만화 각각 표현의 특성을 최대한 살리기 위해서는 종이로 출판되는 흑백의 페이지 만화와 웹으로 읽는 풀컬러의 세로 스크롤 만화를 서로 다른 '미디어'로 인식하고 원작 소설을 기점으로 하여 '페이지 만화화', '세로 스크롤 만화화'로서 미디어 믹스 전개를 하는 것 또한 검토해 볼 수 있지 않을까.

❹ 〈전독시〉가 일본에서 '한류'가 되기 위해

이 글에서는 어디까지나 '국지적인 독자의 시점에서' 일본 만화의 표현 형식을 만들어온 페이지 만화와 비교하면서 세로 스크롤 만화로서 〈전독시〉의 특징을 개괄했다. 웹툰 〈전독시〉는 세로 스크롤로 읽히는 것에 최적화한 표현이기에 단행본으로 출간한다면 그 매력의 일부는 사라져버린다는 점도 지적했다.

그렇다면 평소 웹툰을 읽지 않는, (여전히 일본에는 많을) 만화 독자들은 앞으로 어떻게 〈전독시〉와 만날 수 있을까.

하나의 가능성은 애니메이션을 통한 만남일 것이다. 애니메이션은 작품의 인지도를 높이는 탁월한 홍보 효과가 있다고 알려져 있다.

애니메이션화가 작품의 인지도를 높이는 이유는 여러 가지가 있겠지만 그중 하나로 캐릭터의 매력을 강화한다는 분석이 있다. 애니메이션화에 의해 캐릭터에 목소리가 부여되면 캐릭터의 목소리를 연기하는 성우의 음성 이미지가 겹치면서 캐릭터의 재인식 가능성이 커진다는 것이다(코바야시, 2016).

캐릭터가 강한 정체성을 갖고, 나아가 이야기로부터 자립할 수 있게 되면 캐릭터 자체로 하나의 IP가 될 수 있다.

브라우저 게임 〈문호와 알케미스트〉의 감수 등을 맡은 게임 디자이너 이시이 지로(イシイジロウ)는 세계관, 캐릭터, 스토리 중 어디에 중점을 두었는가에 따라 IP를 3종류로 구분한다(이시이, 2020). 스토리에 기반한 이야기를 벗어날 수 없는 '스토리 IP'를 약한 IP로, 캐릭터만으로도 성립할 수 있는 IP를 '캐릭터 IP'로, 그리고 그 세계관 설정 속에서 일어날 수 있는 사건을 얼마든지 상상할 수 있는 '세계관 IP'를 확장성과 지속성 면에서 강력한 IP로 평가한다. 또한 세계관 IP를 구축하기 위해서는 캐릭터 IP를 거칠 필요가 있다고 지적한다(이시이, 2020).

이 주장에 따르면 캐릭터의 정체성이 강화되고, 서사를 초월해 사랑받는다는 것은 매우 큰 의미가 있다. 바꾸어 말하면 세계관 IP는 로컬 수용을 넘어서 작품의 글로벌 유통을 가능하게 하는 보편적인 이야기 생성 시스템이라고 할 수 있다. 그렇다면 〈전독시〉가 우선 그 자체의 스토리를 초월해 캐릭터를 날아오르게 하는 것이야말로 일본의 새로운 '한류'가 되는 것일지도 모른다.

'국지적 독자'로서 〈전독시〉가 앞으로 다양한 미디어 형식으로 몇 번이고 다시 만날 수 있는 이야기로 전개되고 향유될 수 있게 되기를 기대한다.

참고문헌

[영화] 케이팝 데몬 헌터스

Ahn, H. & Kiaer, J. (2021), Pop culture words: How can K-Wave turn Korean words into global, translingual words?, *English Today*, 37(3), 178-187.

Billboard (2025), HUNTR/X's 'Golden' No. 1 on Global Charts for 11th Week, *Billboard*, https://www.billboard.com

GamesRadar (2025), KPop Demon Hunters breaks yet another Netflix record with 15 consecutive weeks in the top 10, *GamesRadar*+. https://www.gamesradar.com

Holliday, A. (1999), "Small cultures," *Applied Linguistics*, 20(2), 237 – 264. https://doi.org/10.1093/applin/20.2.237

Jin, D. Y. (2016), *New Korean Wave: Transnational cultural power in the age of social media*, University of Illinois Press.

Kiaer, J. (2018), *Translingual Words: An East Asian Lexical Encounter with English*, Routledge.

Kiaer, J. (2023), *The language of Hallyu: more than polite*, Routledge.

Li, W. (2011), "Moment analysis and translanguaging space: Discursive construction of identities by multilingual Chinese youth in Britain", *Journal of Pragmatics*, 43(5), 1222 – 1235. https://doi.org/10.1016/j.pragma.2010.07.035

Li, W. (2018), Translanguaging as a practical theory of language, *Applied Linguistics*, 39(1), 9 – 30.

Lo, A. W. T. (2025), Culture Travellers: Theorizing Transculturing through Transcultural Fandom in the GenAI Age, *Applied Linguistics*, 1-26.

[드라마] 오징어 게임

Appadurai, A. (1996), *Modernity at large: Cultural dimensions of globalization*, Minneapolis: University of Minnesota Press.

Arjan (2025, July 14), Squid Game season 3: Frustration by design, *Medium*.

https://medium.com/@ajiwilkey/squid-game-season-3-frustration-by-design-731e2f787a05

Chua, B. H. & Iwabuchi, K. (Eds.)(2008), *East Asian pop culture: Analysing the Korean wave*, Hong Kong: Hong Kong University Press.

Iwabuchi, K. (2002), *Recentering globalization: Popular culture and Japanese transnationalism*, Durham, NC: Duke University Press. https://doi.org/10.1215/9780822384083

Jena, A., Roy, R. K. & Garai, S. (2023, June 24), Mapping the meanings of Squid Game in South Asia, *Economic and Political Weekly*, 58(25 – 26).

https://www.epw.in/index.php/journal/2023/25-26/postscript/mapping-meanings-squid-game-south-asia.html

Han, Byung-Chul (2017), *The Transparency Society*, Stanford: Stanford University Press.

Puckett-Pope, L. (2025, September 14), Why the "Squid Game" cast skipped the 2025 Emmys, *Elle*, https://www.elle.com/culture/celebrities/a66079911/why-squid-game-cast-skipped-emmys-2025/

Sharma, D. (2025, July 13), Squid Game disappointingly proves its riskiest gamble from last year didn't pay off – and it's a big warning for Netflix, *Screen Rant*, https://screenrant.com/squid-game-seasons-2-3-split-release-bad-idea-audience-mixed-reception/#:~:text=With%20Squid%20Game%20season%203,better%20without%20one%20storytelling%20risk

Tassi, P. (2025, July 25), Netflix's "Squid Game" season 3 viewership is half of season 1, *Forbes*, https://www.forbes.com/sites/paultassi/2025/07/25/netflixs-squid-game-season-3-viewership-is-half-of-season-1/

Thussu, D. K. (2007), *Media on the move: Global flow and contra-flow*, London: Routledge.

[K-팝] 골든(Golden)

강등학, 강진옥, 김기형, 김헌선, 박경신, 신동흔, 유영대, 전경욱, 천혜숙(2011), 「무가의 이해」, 『한국 구비문학의 이해』, 월인.

서대석(2001), 「무가」, 『한국민속의 세계 8』, 고려대학교 민족문화연구소.

서대석(1997), 『한국무가의 연구』, 문학사상사.

소재영 외(1998), 「무가론」, 『한국의 민속문학과 예술』, 집문당.

이능화(저), 이재곤(역)(1976), 『조선무속고』, 백록출판사.

이경엽(1997), 「무가의 서정적 표현과 기능」, 『구비문학연구』 제4집, 한국구비문학회.

장덕순, 조동일, 서대석, 조희웅(2013), 『구비문학개설』, 일조각.

정진홍(1980), 『종교학서설』, 전망사.

한국민속학회(2008), 「샤머니즘 전통 속의 민주주의」, 『무속신앙』, 한국민속학학술총서 4, 민속원.

Austin, J. L. (1962), *How to Do Things with Words*, Oxford at the Clarendon Press.

Benveniste, Émile (1974), *Problèmes de linguistique générale II*, Gallimard.

Hobsbawm, Eric & Ranger, Terence (1983), *The Invention of Tradition*, Cambridge University Press.

Maj, Émilie (2011), *Musique et gestuelle dans les rituels de "possession" ou de chamanisme*, L'Homme, N°197.

Ryu, Tong Shik (2012), *The History and Structure of Korean Shamanism*, Yonsei University Press.

[예능] 흑백요리사

Appadurai A. (1996), *Modernity at Large: Cultural Dimensions of Globalization*, Minneapolis, University of Minnesota Press.

Appadurai A. (1988), "How to Make a National Cuisine: Cookbooks in Contemporary India", *Comparative Studies in Society and History*, 30 (1), pp. 3 – 24.

Avieli N. (2013), *Rice Talks: Food and Community in a Vietnamese Town*, Bloomington, Indiana University Press.

Barthes R. (1972), *Mythologies*, Translated by Annette Lavers, New York, Hill and Wang.

Barthes R. (1967), *Elements of Semiology*, New York, Hill and Wang.

Bhabha H. (1994), *The Location of Culture*, London, Routledge.

Chang L. (2020), "Analysis of Social Class Inequality Based on the Movie Parasite", *Advances in Social Science*, Education and Humanities Research, vol. 497, pp. 78-82.

Cho H. (2017), "Living with Inequality in 21st-Century Korea", *Korea Journal*, 57(1), pp. 5 – 30.

Cho H. (2005), "Reading the 'Korean Wave' as a Sign of Global Shift," *Korea Journal*, 45(4), pp. 147 – 182.

Douglas M. (1966), *Purity and Danger. An Analysis of Concepts of Pollution and Taboo*, London, Routledge & Kegan Paul.

Hirsch M. (2008), "The Generation of Postmemory", *Poetics Today*, 29(1), Duke University Press, pp. 103-128.

Iwabuchi K. (2002), *Recentering Globalization: Popular Culture and Japanese Transnationalism*, Duke University Press.

Jenkins H. (2006), *Convergence Culture: Where Old and New Media Collide*, New York, NYU Press.

Jin D. (2021), *The Routledge Handbook of Digital Media and Globalization*, London, Routledge.

Jin D., & Yoon K. (2016), "The Social Mediascape of Transnational Korean Pop Culture: Hallyu 2.0 as Spreadable Media Practice," *New Media & Society*, 18(7), pp. 1277-1292.

Jung I. (2025), "Il valore della traduzione letteraria nell'era dell'intelligenza artificiale per una comprensione approfondita delle culture e letterature coreana: un'analisi della traduzione del romanzo *Uncanny Convenience Store* di Kim Hoyeon," In: P. Diadori (ed.), Rivista LTO, 2025, pp. 115-148.

Jung I. (2024a), "Using K-contents for Korean listening and speaking teaching method: The case of the University for Foreigners of Siena, Italy," In: (ed.) I. Jung, K. Kim, *Passato, presente e digitale. Nuove prospettive e idee sugli studi coreani: Storia, lingua e cultura*, Quaderni CeSK - Orizzonti coreani "hanul", Pacini Editore, 2024, pp. 165-183.

Jung I. (2024b), "Tra equivalenza ed efficacia: la comicità coreana nella traduzione audiovisiva," In: (ed.) C. Buffagni, B. Garzelli, E. Ghia, *Humour across languages and cultures - Perspectives on translation, From Europe and Beyond*, Translang Special Issue, Traduction et Langues, 23(2), pp. 118-140.

Jung I. (2022a), "Rettifiche per un linguaggio inclusivo. I segni dell'uguaglianza e della diversità nella lingua coreana," In: (ed.) F. Vitucci, I. Peta, *An International Journal on Diversity and Inclusion*, Rivista Dive-In, n. IV (2/2022), pp. 115-131.

Jung I. (2022b), "Lo sviluppo delle abilità di ascolto in lingua coreana attraverso l'ausilio audiovisivo dei K-drama," In: (ed.) A. Fazio, E. Bonvino, M. Menghini, *Didattica innovativa nei centri linguistici italiani tra nuove tecnologie e ascolto*, Collana CLAro N. 7, Università degli studi di Roma Tre, Roma TRE-Press, pp. 59-80.

Jung I. (2021), "Traduzione e adattamento delle opere cinematografiche dal coreano: il doppiaggio in italiano nel cinema coreano," In: (ed.) F. Vitucci, *La traduzione audiovisiva per le lingue extraeuropee*, Quaderni di semantica, Alessandria, Edizioni dell'Orso, pp. 153-180.

Jung S. (2011), "K-팝, Indonesian Fandom, and Social Media," *Transformative Works and Cultures*, Special Issue 1, vol. 8, p. 1.

Kim W. (2019), "Eating and Suffering in Han Kang's The Vegetarian," *CLCWeb: Comparative Literature and Culture*, 21(5).

Kim Y. (2021), *The Soft Power of the Korean Wave: Parasite, BTS and Drama*, Oxon and New York, Routledge.

Lévi-Strauss C. (1969), *The Raw and the Cooked*, New York, Harper & Row.

Lobato R. (2019), *Netflix Nations: The Geography of Digital Distribution*, New York, NYU Press.

Marks L. (2000), *The Skin of the Film: Intercultural Cinema, Embodiment, and the Senses*, Durham, Duke University Press.

Nye J. (2011), *The Future of Power*, New York, Public Affairs.

Nye J. (2004), *Soft Power: The Means to Success in World Politics*, New York, Public Affairs.

Oh I. & Park G. (2012), "From B2C to B2B: Selling Korean Pop Music in the Age of New Social Media," *Korea Observer, 43(3)*, pp. 365 – 397.

Otmazgin N. (2012), "Regionalizing Culture: The Political Economy of Japanese Popular Culture in Asia," Asian Studies Review, 36(3), pp. 285 – 304.

Robertson R. (1995), "Glocalization: Time-Space and Homogeneity-Heterogeneity," In: (ed.) M. Featherstone, S. Lash & R. Robertson, *Global Modernities*, London, Sage, pp. 25-44.

Seth M. (2021), *A History of Korea: From Antiquity to the Present*, London, Routledge.

The Korea Food Foundation (2014), *75 Representative Food Recipes: Staple for Learning How to Cook Korean Food* (세계인을 위한 한국음식: 건강하고 맛있는 75선), Seoul, Hollym.

Turner E. (2021), "The Parasite of Society: Food and Class Studies in Bong Joon-ho's Film Parasite," In: *Food Matters in Literature and Culture, Ball State University*, Digital Literature Review, 8(1), pp. 7-13.

[게임] 인조이(inZOI)

김미희, 〈인조이, 어린이가 차에 치이는 버그 패치했다〉, 《게임메카》, 2025.03.29. https://www.gamemeca.com/view.php?gid=1759739#google_vignette

윤휘종, 〈크래프톤 '인조이' 동시접속 급감해 실패라고 볼까, 김창한 경쟁작 '심즈 초반 고전' 돌아본다〉, 《비즈니스포스트》, 2025.07.11. https://www.businesspost.co.kr/BP?command=article_view&num=402952

Alan Wen, Steam Valuable Because "You Get Access To A Bunch Of Drunken Sailors Who Spend Money Irresponsibly," Says Analyst, *GameSpot*, 2025.07.09.

Elsaesser, T. (2016). *Film History as Media Archaeology: Tracking Digital Cinema*, Amsterdam University Press.

Husameddin, Genghis (29 September 2025), '*inZOI' Reaches Steam's Global Top Sellers in 40 Minutes, 'PUBG' Peaks at 1.34M Concurrent Players*, 28 March 2025. Web page.

Kushner, David (7 March 2002), "So What, Exactly, Do Online Gamers Want?" *The New York Times*, Section G; Column 2; Circuits; Pg. 1. Newspaper.

Montes, Rafael Miguel and Andrea Ann Campbell (2013), "Dismantling the Digital Dollhouse: Will Wright's The Sims and Virtual Consumption," *Quarterly Review of Film & Video*, Vol. 30 Issue 1, 41-49. Journal.

Nam, Kyungjin and Hye-jin Kim (March 2020), "The determinants of mobile game success in South Korea," Telecommunications Policy, Article.

Steinmetz, Fred, et al. (2022), "Pay-to-Win Gaming and its Interrelation with Gambling: Findings from a Representative Population Sample," *Journal of Gambling Studies*, Vol. 38 Issue 3, pp.785-816. Journal Article.

Stone, Susan and Julian Ring (1 February 2025), '*The Sims, 'gaming's ultimate social sandbox, turns 25*, Web page, 27 September 2025.

Wingfield, Nick (24 March 2014), "Game Pioneer of South Korea Sets Sights on US," *The New York Times*, Website Article, 04 September 2025.

KRAFTON, 〈크래프톤, 인조이 '캐릭터 스튜디오' 이틀 만에 창작물 10만 개 돌파〉, 크래프톤 보도자료, 2024.08.24. https://www.krafton.com/news/press

[웹툰] 전지적 독자 시점

浅野龍哉·砂威·大塚英志 (2024),『まんがでわかるまんがの描き方』, KADOKAWA.

浅野龍哉·砂威·大塚英志 (2022),『まんがでわかる縦スクロールまんがの描き方』, KADOKAWA.

イシイジロウ (2020),『IPのつくりかたとひろげかた』, 星海社.

インプレス総合研究所 (2025),『電子ビジネス調査報告書』, インプレス.

小林翔 (2016),「アニメキャラクターにおけるボイス・アイデンティティとその表現―『GOST IN THE SHELL 攻殻機動隊』『PSYCO-PASSサイコパス』を中心に」, 京都精華大学紀要48号, 21-42, P24を引用.

三輪健太朗,「縦読みマンガ」, から考える,『教養学部報』, 664号, 2025年6月2日. www.c.u-tokyo.ac.jp/info/about/booklet-gazette/bulletin/664/open/664-1-01.html

パク · ヨンジョ、金智恵訳 (2024),『韓国の人気ウェブトゥーン作家が徹底解説 縦スクロール漫画制作の基礎がわかる本』, 翔泳社.

サイドランチ (2024),『縦スクロール漫画の教科書　プロに学ぶ構図·着彩 · 演出の基本&上達テクニック』, エムディエヌコーポレーション.

スコット · マクラウド (1998),『マンガ学』, 美術出版社.

出版科学研究所,『2025年版出版指標年報』, 公益法人全国出版協会 · 出版科学研究所.

Sleepy-C(3B2S STUDIO) · UMI(REDICE STUDIO) · singNsong,『全知的な

読者の視点から』2巻, KADOKAWA

Sleepy-C(3B2S STUDIO)·UMI(REDICE STUDIO)·singNsong,『全知的な読者の視点から』11, 12話, LINEマンガ.

싱숑, 전지적독자 시점 Episode2, 주인공(4), (5)MUNPIA https://novel.munpia.com/104753/page/12

저자 소개

백태현

경희대학교 K-컬처 · 스토리콘텐츠연구소 학술연구교수. 영화학 박사. 현재 여러 대학에서 영화 관련 강의를 하며 영화와 한류, 팬덤에 대해 연구하고 있다. 공저로 『영화란 무엇인가?』(2023), 『영화는 역사가 아니다』(2024) 등이 있다.

앨프레드 로(Alfred lo)

옥스퍼드대학교 언어학 및 한국학 박사과정 연구원이다. 옥스퍼드대학교에서 학부생과 대학원생을 대상으로 현대 언어와 동아시아학을 가르치는 튜터로 활동한다. 로는 옥스퍼드대학교 랭귀지센터의 첫 한국어 프로그램을 최초로 개설한 튜터이며, 영국 내 한국어와 한국 문화의 학습을 진흥하기 위해 옥스퍼드대학교 및 영국한국교육원과 긴밀히 협력하고 있다. 또한 옥스퍼드 영어 사전 '세계 영어(World Englishes)'의 발음 자문위원으로 활동한다. 로의 연구는 언어, 문화, 교육의 교차 지점에 집중하며 특히 트랜스컬처링, 팬덤 연구, 한류, 글로벌 영어에 강조점을 둔다. 관련 연구는 세계적 수준의 동료 심사 저널과 여러 학술 출판사를 통해 발표되었다. 그는 『Annyeong? Korean 1 Workbook』(2025)의 주 저자이자 『Fandom Language Learning』(2025)의 공동 저자이다. 로는 응용 언어학과 인공지능 시대의 교육 기술에 대한 기여를 인정받아 2024 국제저널 System 신진 연구자상을 수상했다. 또한 언어와 교육을 통해 대한민국과 영국의 파트너십을 발전시키는 데 기여한 공로로 주영국 대한민국 대사관이 주최한 한영 관계 발전 에세이 공모전에서 1등 우승자로 선정되었다.

이지혜

영화평론가이자 문화평론가. 경희대학교 K-컬처 · 스토리콘텐츠연구소 연구원이다. 《쿨투라》 신인상 영화평론부문 신인상으로 등단했다. 한국영화평론가협회 정회원, 《르몽드 디플로마티크》(한국판) 문화톡톡 부편집장, 한국문화콘텐츠를 연구하며 경희대학교와 국립경국대학교에서 강의 중이다. 2023년부터 한국연구재단의 지원으로 인문사회계열 박사과정생연구지원금을 수혜받았고 2025년 한국연구재단 학술연구교수에 선정되었다. 대표저서로 소설 앤솔로지 『이해라는 오해에 관하여』(2025), 문화평론집 『탈궤도의 문화읽기』(2025), 학술저서 『인공지능과 문학의 미래』(2024) 등이 있다.
leehey@khu.ac.kr

라탄 쿠마 로이(Ratan Kumar Roy)

SIMEC 리서치센터의 소장이며, 남아시아 대학교(SAARC 회원국 설립)에서 사회학을 가르친다. 방글라데시 다카의 브랙대학교 교양대학 조교수로 재직(현재는 휴직) 중이다. 오스트레일리아 선샤인코스트 대학교 국제개발 · 사회적기업가정신 · 리더십센터(CIDSEL)의 겸임교수이자, 경희대학교 K-컬처 · 스토리콘텐츠연구소의 협력 교수로 활동하고 있다.
2022-2023년 영국 런던정경대학(LSE) 남아시아센터에서 찰스 월리스 방글라데시 트러스트 박사후 방문연구원(Postdoctoral Visiting Fellow)으로 연구를 수행했다. 그의 주요 연구 관심사는 미디어와 커뮤니케이션의 인류학, 초문화적 흐름(transcultural flow), 팬덤과 하위문화, 디지털 문화, 민족지학(ethnography), 시각적 스토리텔링, 그리고 남아시아의 젠더와 포용 문제 등이다.
rkroy@sau.int

김세익

경희대학교 K-컬처 · 스토리콘텐츠연구소 학술연구교수. 문화콘텐츠학 박사. 여러 대학에서 문화콘텐츠, 스토리텔링, 디지털 콘텐츠, 한류, 대중문화 등에 대해 가르치며 연구하고 있다. 공저로 『영화란 무엇인가?』(2023), 『2025 한류를 읽는 안과 밖의 시선』(2024), *Cultural Studies Keywords for Hallyu Researchers*(2026 근간) 등이 있다.

주수영

프랑스 액스-마르세유 대학교 아시아학과 한국학 부교수로, 프랑스 국립과학연구센터(CNRS) 산하 동아시아연구소 IrAsia(UMR 7306)에서 〈아시아의 문화유산화 과정과 그 사회 · 정치적 함의〉 연구팀의 일원으로 활동하고 있다. 무형문화유산과 전통예술의 현대적 재해석, 샤머니즘의 수행성과 미학, 그리고 현대 예술 속 전통의 재창조를 주요 연구 주제로 삼고 있으며, 한국전통예술의 사회적 의미와 문화유산화 과정을 비교문화적 관점에서 탐구하고 있다. 최근 프랑스 문화부 산하 학술지 『In Situ. Au regard des sciences sociales』에 「현대 문화유산 제도 속의 비가시화: 한국 민속예술 판소리의 사례」가 선정되어 게재될 예정이다. 그 밖의 연구로는 「여성화된 판소리」(Keulmadang), 「모든 것이 가능하고 불가능한 곳, 춘향의 도시 남원」, 「한국전통극의 샤머니즘적 기원」 등이 있다.

조한기

경희대학교 K-컬처 · 스토리콘텐츠연구소 학술연구교수로 재직 중이다. 건국대학교에서 국어국문학과 문화콘텐츠학을 전공했으며, 동 대학원에서 문화콘텐츠학으로 박사학위를 취득했다. 2018년에 한국영화평론가협회상 신인평론상, 한국콘텐츠진흥원 주관 웹툰 평론 공모전 대상을 수상했다. 《르몽드 디플로마티크》, 《지금, 만화》 등에서 필진을 역임했다. 이 외에도 여러 지면을 통해 평론 활동을 이어오고 있다. 영화, 웹툰, 드라마, 애니메이션 등 스토리콘텐츠에 관심이 많으며, 매체를 횡단하는 캐릭터와 스토리텔링 전략에 관해 연구하고 있다. 『유럽영화감독』, 『영화로 읽는 도시 이야기』 등 다수의 책에 공저자로 참여했다.

정임숙

한국문학번역가. 이탈리아 시에나 외국어 대학교 한국학 교수. 대학 부설 외국어교육연구소 부소장, 윤동주한국학연구소 소장으로 한국어교육, 언어학, 번역학을 연구하고 있다. 2010년부터 약 10년간 로마 라사피엔차 대학 및 베네치아 카포스카리 대학에서 한국어와 언어학, 한국문학을 강의했으며 2020년부터 2025년까지 유라시아재단의 지원으로 Asian Community and Europe 연구 프로젝트를 맡았다. 2023년부터 한국학중앙연구원 지원사업인 〈해외한국학씨앗형사업〉의 연구책임자로 대학내 한국학 연구소를 구축하고 인문학-기술 연계를 통한 한국학 연구를 진행 중이다. 대표 저서로는 *Antologia di poesia coreana contemporanea vol. 1 – Nel verde di mia madre e del mio cuore, Grammatica d'uso della lingua coreana, Manuale di lingua e linguistica coreana* 등이 있다.

저자 소개_**게임**

이현재

게임 · 만화 · 영화평론가. 경희대학교 부설 K-컬처 · 스토리콘텐츠연구소 연구원. IT와 콘텐츠의 산업 동향 및 정책, 문화와 매체 산업을 연구하고 있다. 한국인터넷진흥원, 한국콘텐츠진흥원, 한국지능정보사회진흥원 등에서 「주요국 AI 및 디지털 정책 동향 조사 및 분석」, 「디지털 보안 정책 동향 조사」, 「글로벌 게임산업 트렌드」 등의 산업 및 정책 동향 연구 사업에 참여해 왔다. 게임문화재단 게임제너레이션 비평상 · 한국만화영상진흥원 만화평론 신인상 · 동아일보 신춘문예 영화평론부문에 당선되었으며, 《르몽드 디플로마티크》 등의 고정필진으로 활동했다. 저서로는 『영화와 육체』(공저) 등이 있다.

겐기스 후사메딘(Genghis Husameddin)

게임 전문 매체 및 채널 XboxEra에서 활동하는 교사이자 블로거이다. 그는 Xbox 콘솔뿐 아니라 PC, 모바일, 가상현실(VR), 플레이스테이션, 닌텐도 스위치 등 다양한 플랫폼과 전반적인 게임산업을 폭넓게 다룬다. 단순히 게임을 플레이하는 것 이상으로, 게임산업이 사회와 창작자들에게 미치는 영향, 그리고 게임이라는 예술이 만들어지는 과정을 대중에게 알리는 일에 가장 큰 즐거움을 느낀다. 또한 그는 과학 분야에도 깊은 흥미를 가지고 있다.

한유희

경희대학교 국제캠퍼스 후마니타스칼리지에서 글쓰기 강의를 하면서 만화평론과 문화평론을 쓰고 있다. 경희대학교 K–컬처 · 스토리콘텐츠연구소 연구원으로 웹툰과 팬덤 연구에 관심이 있다. 《르몽드 디플로마티크》 문화톡톡에 정기적으로 평론을 쓰고 있으며, 《지금, 만화》, [디지털만화규장각] 등 다양한 지면에 비정기적으로 평론을 싣는다. 저서로 문화평론집 『우리는 왜 피로한가』(공저, 2024), 만화규장각지식총서 『한국 만화 캐릭터 열전』(공저, 2023) 등이 있다.

야마나카 치에(Yamanaka Chie)

교토산업대학교 현대사회학부 교수. 전문은 사회학, 만화연구, 한국문화연구이다. 최근에는 '학습만화'의 표현과 역사, 일본에서 큰 인기를 얻고 있는 한국 학습만화의 국제적인 확산에 관심이 있다. 국립과학박물관의 〈학습만화의 비밀 展〉(2005) 제작 협력 및 감수, 저서로 『학습만화가 그리는 인간과 세계』(제이앤씨, 2018), 『한국 드라마의 상상력(韓国ドラマの想像力)』(공편저, 人文書院, 2024) 등이 있다.

2026 K-콘텐츠 :

한류를 읽는 안과 밖의 시선

초판 1쇄 인쇄 2025년 12월 13일
초판 1쇄 발행 2025년 12월 23일

지은이 안숭범, 백태현, 앨프레드 로, 이지혜, 라탄 쿠마 로이, 김세익, 주수영, 조한기, 정임숙, 이현재, 겐기스 후사메딘, 한유희, 야마나카 치에
펴낸이 김진상
책임 편집 윤민혜
디자인 이수정

펴낸곳 경희대학교 출판문화원
주소 서울시 동대문구 경희대로 26
전화 02-961-0106~8
팩스 02-961-0291
설립 1960년 9월 16일 제5-8호
등록 1977년 11월 8일 제6-5호
홈페이지 www.khupress.com
전자우편 press@khu.ac.kr

ISBN 978-89-8222-821-6
978-89-8222-772-1(04600) 세트

* 이 저서는 2021년 대한민국 교육부와 한국학중앙연구원(한국학진흥사업단)을 통해 K학술확산연구소사업의 지원을 받아 수행된 연구임(AKS-2021-KDA-1250004)